Barack Obama

奥巴马评传

◎ 周光凡 著

ZHEJIANG UNIVERSITY PRESS
浙江大学出版社

序　言

奥巴马具有惊人的远大志向和生涯规划能力,他是黑白混血儿,小时候面临过严重的肤色自卑和身份认同危机,这样一个"黑人"和边缘人别说竞选总统,就连在美国社会想跻身中产阶级都可能需要不懈努力,但是奥巴马不仅在向总统的宝座冲刺,甚至占据这个位置,而且以如此年轻的面孔和如此"贫乏"的资历,他就能冲击一直以来都由白人、且绝大多数是盎格鲁-撒克逊白人新教徒垄断的美国总统宝座,这其中的秘密是什么呢?

奥巴马对自己的人生规划最具战略眼光和最重要的一步是迁居芝加哥,通过做社区义工与那里的黑人社区居民打成一片。一个人要想在社会上成功,必须首先搞清楚自己是谁,自己只能属于哪里,谁是自己的基本依靠力量,哪里是自己的大本营和"根据地"。奥巴马本是夏威夷出生的,随祖父母在夏威夷读到高中毕业,后来在洛杉矶大学和哥伦比亚大学读书,一度在纽约华尔街工作过,他和伊利诺伊州、芝加哥本来八杆子打不着,他干嘛要去芝加哥?

答案是,他要通过融入一个足够大的黑人势力范围,通过为黑人服务来为自己挣得政治生涯的第一桶金,他要把黑人聚居的芝加哥当作自己"闹革命"的"根据地",这和当年毛泽东选择上井冈山可谓异曲同工。

奥巴马一旦选择了自己的公职生涯规划方向,行动的目标就十分明确,他的气魄远远超过了他的同龄人,一个才20出头的年轻人,竟然在大学刚毕业的阶段,能够放弃华尔街的高薪和抵制跻身中产阶级的诱惑,来到芝加哥的黑人社区,做一名底层义工——被在本届总统大选的初选阶段就因为不得要领而名落孙山的朱利安尼贬称为"小区组织者",年薪只有1万3千美元,其放弃和追求的勇气令人叹为观止。

正是在芝加哥这个黑人的大本营,奥巴马通过奉献和服务赢得了最初的名声,靠着这样的起点,他开始吸引当地黑人头面人物的信任和引荐,最初当上伊利诺伊州的议员——从此开始他精彩的公职生涯,直至当选美国国会唯一一位现任的黑人参议员,旋即开始冲刺总统宝座,一路旌旗飞扬,高歌猛进。

奥巴马选择位于伊利诺伊州的芝加哥或许还透露出20刚出头的奥巴马的另一层志向:奥巴马的总统梦很可能做得比希拉里和麦凯恩都要早。伊利诺伊州曾是美国前总统亚伯拉罕·林肯的"地盘"。林肯曾在伊利诺伊州议会从政8年,并于1858年在那栋老建筑内发表著名演讲——《分裂的房子》。这里也是林肯参加1860年总统选举的竞选总部。奥巴马早早就选择"卡位"于林肯当年起步的地方,似乎早就立志要循着林肯的路,并继承林肯的政治遗产走下去。

13年前,即1995年,奥巴马写了一本书名叫《我父亲的梦想》,如今看来,他不仅要继承父亲的梦想,隐约之间透露的是他要继承美国国父们的梦想,当然也包括林肯的梦想,而林肯正是签署"解放黑奴宣言"的美国总统,他也是美国最伟大的总统之一。奥巴马年纪轻轻就想要继承这样的梦想,志向不可谓不远大!

2007年2月10日,奥巴马在伊利诺伊州首府斯普林菲尔德正式宣布竞选2008年美国总统,他在演讲中说:"在林肯呼吁结束分裂、团结一致的老议会前,美国人的希望和美国梦仍在继续,今天,我郑重宣布竞选美国总统……"

或许,正是奥巴马年轻时的远大设计和精心布局,才使他在政坛能如此突飞猛进,在奥巴马即将掌权之际,我们祝愿他能够永远葆有他那具有理想主义气质的白人母亲所遗传给他的丰富的同情心,和以大公大义的精神驰骋天下的情怀。

Barack Obama

目　录

4 与中国：竞争加合作

附录

1

Obama's Mulatto Gene

奥巴马的混血基因

"我爸爸是非洲王子"

"外祖父的话在我心中激起最原始的恐惧"

"愿你的这盏灯永远为我长明"

"穷人的代理人"

一、"我爸爸是非洲王子"

■ "我经常想告诉你我有多爱你"

■ "没有人能完整体会孤单的独行者内心的况味"

■ "如果你不能成为强者,那么就成为智者"

■ 奥巴马的华人妹夫

■ 肯尼亚"老家"的穷亲戚

■ "我知道从小没爹的苦处"

"我经常想告诉你我有多爱你"

巴拉克·侯塞因·奥巴马是个黑白混血儿。他的父亲是非洲黑人,母亲是美国白人。奥巴马在其自传《我父亲的梦想》中写道:"我的父亲与我身边的人完全不同——他的皮肤像沥青一样黑,我的母亲却像牛奶一样白——我对这一点印象深刻。"

人们习惯于把奥巴马称为黑人,这不太准确。奥巴马不是纯种白人,也不是纯种黑人,称奥巴马是黑人似乎带有种族歧视的倾向,你为什么不注意他血脉中白的一面呢?专家说,到2050年,美国的白种人在总人数上将少于一半,美国将真正成为一个种族的熔炉,美国的混血儿也将越来越多,混血人在社会上被认同的程度也会越来越高。奥巴马在21世纪之初就当选总统,应该说是得风气之先。可以相信,未来的美国乃至未来的世界各国,将有越来越多的混血儿在各个领域崭露头角,直至成为国家元首。

在自然界,"混血"的优势十分明显。杂交水稻不但产量高而且品质好。在人类社会也是这样,如果通婚圈子小,婴儿残障或早夭的可能性就高。在文化领域,"杂交"的优势也毋庸置疑,一个民族在竞争中太过坚持自己的文化,就会被善于吸纳外来文化的民族击败。越是民族情绪高涨的国度,最后越不能保全自己。

在奥巴马和麦凯恩的总统竞选对峙中,包括在电视辩论中,奥巴马优势明显,部分原因就在于奥巴马拥有混血儿的优势。当混血儿的优势得到更多人认同的时候,有意识地混血或许会成为人类的时尚。

2004年7月27日,在美国民主党全国代表大会上,奥巴马发表"基调演讲",也这样介绍自己的身世:"我的父亲是个外国留学生,在肯尼亚的一个小村庄出生并长大,他幼时牧羊,在简陋的铁皮校舍里上学。他的父亲——我的祖父——是个厨师,一个佣人。但我祖父对他的儿子的未来抱有更大的梦想。通过顽强拼搏,我父亲拿到了去美国留学的奖学金。美国是一片神奇的国土,对未曾来过的人而言,美国是自由和机会的象征。在留学期间,父亲遇到了母亲。我母亲出生在堪萨斯的一个小镇上。她父亲在大萧条时期为了养家糊口,不是在石油钻塔下打工,就是在农场务农。珍珠港事件后,他自愿入伍,加入巴顿的部队,曾在整个欧洲大陆辗转作战。在后方,外祖母养育着他们的孩子,并在一条生产轰炸机的工厂流水线上干活。战后,他们研究了《士兵福利法案》,通过联邦住宅管理局买了一套房子,并移居到西部寻找机会。他们对自己的女儿也寄予了很大的梦想。一个共通的梦想,在两个不同的大陆酝酿。我的父母不仅共享美好的爱情,他们还共同坚信这个国家有巨大的潜力。他们赐予我一个非洲名字:巴拉克,意为'老天保佑'。他们相信在宽容大度的美国,一个人姓甚名谁不会妨碍其通向成功。尽管生活并不富裕,但他们送我去这片土地上最好的学校就读。在富足的美国,即使你并不富裕,你也能发掘出你的潜力。现在他们都过世了。不过我知道,在这个夜晚,他们正在星空骄傲地俯瞰着我。"这段话非常简洁明了地介绍了奥巴马的独特身世。

奥巴马的父亲来自被人们称为"人类的摇篮"的东非肯尼亚,从小是个穆斯林,不过他与奥巴马的母亲相识时已是坚定的无神论者,奥巴马的

奥巴马和父亲为数不多的合影

母亲本是基督徒,后放弃信教,转而研究宗教文化。

奥巴马小时候曾经跟同学们吹嘘"我的爸爸是位非洲王子",事实上,他的父亲只是位牧民的后代。老奥巴马生于肯尼亚西部尼安萨省一个牧民家庭,属于肯尼亚第三大民族卢奥族。他在肯尼亚时就娶了第一个妻子,并育有两个孩子:儿子罗伊和女儿奥玛。老奥巴马还与另一名肯尼亚妇女生过一个儿子。后来因为一个很偶然的机会,老奥巴马于1960年去美国夏威夷读书,在那里与奥巴马的母亲雪莉·安·邓汉姆相遇并结合,生下奥巴马。

奥巴马的母亲说,老奥巴马在和她结婚的时候确实已经与肯尼亚的老婆分开,但"由于乡村婚礼无需办理正式文件,所以他们的离婚也没有文件证明"。

1963年,老奥巴马前往哈佛大学攻读经济学博士,因为是穷学生,所以没有带妻儿前往。两人长期不在一起,导致他与雪莉关系破裂。博士毕业后,老奥巴马和一个名叫露丝的美国女子结婚,露丝成为他的第三任妻子。老奥巴马带着露丝回到肯尼亚。在肯尼亚,露丝生了两个儿子,其中一个儿子死于车祸。

老奥巴马是怀有报国的理想和政治雄心的,他返回肯尼亚后在政府部门工作,由于性格耿直经常提意见,得罪了政府高官和上级,被逐出政府部门。他想去石油部门工作,他原来的政敌让他去不成,无奈之下,他只能去一个很小的水利部门谋职,收入也不好,住得也很差。这时从美国跟来的妻子露丝对现状极为不满,两人于是分手。老奥巴马的脾气变得十分暴躁,经常借酒浇愁。

终其一生,奥巴马只与父亲一起相处过一个月。那次是老奥巴马在肯尼亚过得很失意后再次回到美国,在这之前,老奥巴马的第二个白人妻子露丝已离开了他,老奥巴马想和奥巴马的母亲雪莉破镜重圆,但是奥巴马的母亲已经和印尼的丈夫结合。老奥巴马以探望奥巴马的名义住在奥巴马的外公外婆家。

有一次奥巴马放学回家一直在看电视,老奥巴马就批评他,让他进屋学习。外祖母其实对老奥巴马很不满,因此借机向奥巴马发脾气。老奥巴马解释道:"我并不是不让孩子看电视,我只是说奥巴马电视看得太多了,该复习功课了。"雪莉也尽力解释说现在正好是圣诞假期,动画片都很精彩,不会让奥巴马看太久的。奥巴马进了房间关上了门后,外面仍在争吵,外祖父说这是他的家,外祖母也对老奥巴马说,"你没有权利到这来指责任何人,包括奥巴马。"老奥巴马则怪罪奥巴马的外祖父和外祖母太溺爱奥巴马。奥巴马本人呢? 他在数着父亲签证到期离开美国的日子,希望一切能恢复正常。

1982年,老奥巴马在肯尼亚死于车祸,死后就埋在村内。奥巴马没有去肯尼亚参加葬礼。得知父亲死讯的那个晚上,奥巴马做了一个有关父亲的梦,梦中他们相见,两人热烈拥抱,奥巴马开始抽泣,父亲对他说:"我经常想告诉你我有多爱你。"醒来后,奥巴马发现自己还在流泪,那是他第一次为父亲流泪。

"没有人能完整体会孤单的独行者内心的况味"

　　1942年11月27日，奥巴马的母亲雪莉·安·邓汉姆出生在美国堪萨斯州维奇托市，后来与父母迁居夏威夷。奥巴马的母亲身上有切罗基人（北美印第安人的一支）的血统，她们家族的一个远祖是纯种切罗基人。

　　奥巴马曾在自传《我父亲的梦想》中写道："在我的生命中，她（母亲）是独一无二的永恒。在她身上，我看到了最仁慈、最高尚的精神。我身上的所有优点都源于我的母亲。"

　　1960年，就读于夏威夷大学的18岁的雪莉结识了老奥巴马。两人顶住压力结为连理，并于1961年8月4日生下奥巴马。

　　奥巴马称呼自己的母亲是"一名不可知论者"，"我觉得我母亲信仰一种更高的力量"，"她相信宇宙的基本秩序和良善。如果她了解爱因斯坦上帝并非主宰的观点，她会觉得没什么不妥。不过，我认为她相当怀疑那种认为只有一种特别的宗教才能给予唯一的真理的观点"。

　　从下面这件小事我们可以感觉到雪莉·安·邓汉姆是个脾气非常好的女孩，奥巴马在其自传中回忆了这件事，这是奥巴马的母亲对他讲的，有一回，"父亲叫母亲在学校的图书馆等他。当母亲到那的时候，父亲还没到，天气很好，母亲躺在图书馆前的椅子上睡着了。一个小时后，父亲和他的几个朋友出现了。母亲也醒了，父亲说：'你看，我说了她是个好女孩，她一定会等我的。'"

幼年奥巴马与母亲在一起

雪莉的父母坚决反对女儿嫁给老奥巴马,理由不仅因为他是黑人,而且他在赴美前已在肯尼亚结婚生子。而且老奥巴马的父亲——也就是奥巴马的爷爷在得知儿子和一个美国白人女孩的结婚意愿时,竟然给奥巴马的外祖父写来一封信,明确表示反对自己的儿子和白人女孩结婚,声称"我不想让奥巴马家族的血统被一名白人妇女玷污"。也许这位爷爷颇有些家国情怀,仍然对美国当初贩卖黑人奴隶的历史并至今未赔偿抱有根深蒂固的反感。

奥巴马的母亲不想让儿子因为父亲放弃和她的婚姻而记恨他的父亲,她总是说这不是他父亲的过错,她把责任推给奥巴马在肯尼亚老家的爷爷。

和老奥巴马离婚后,奥巴马的母亲嫁给了印尼留学生罗罗·苏托洛,后来生下一个女儿玛雅。

1967年,苏托洛学成归国,出任印尼石油公司某部门经理,小奥巴马随母亲前往雅加达上学。由于幼时在雅加达接受本土教育,奥巴马至今还能说印尼话。

1971 年,奥巴马的母亲又和继父离异,10 岁的奥巴马独自返回美国,与外祖父母住在一起。而母亲则带着奥巴马同母异父的妹妹留在印尼,同时在夏威夷大学攻读人类学博士学位。她的论文指导教授也是她最好的朋友,叫艾丽丝·杜威。艾丽丝的祖父即大名鼎鼎的哲学家、胡适的老师约翰·杜威。

奥巴马的外公参加过"二战",退伍后成为家具推销员一直到退休。外婆玛德琳已经有80多岁,仍住在檀香山。她只有高中毕业,但极为能干,从秘书一直做到夏威夷银行副总裁。玛德琳认真抚养外孙奥巴马,把他送进最好的学校畔拿荷中学,全校1200名学生,只有三个黑人,其中一个就是奥巴马。

奥巴马显然继承了母亲和外婆的特质。他说,外祖母深具中西部美国人谨慎与苦干的本性,他越长大越觉得外婆对他潜移默化的影响非常之深。

尽管奥巴马的姥姥姥爷反对女儿与老奥巴马的婚姻,同时还受到奥巴马在肯尼亚的爷爷来信的侮辱,但他们并没有因此而在奥巴马的面前诋毁他的父亲,反而,他们会向对父亲没有太深记忆的奥巴马谈到他父亲

的逸事，例如谈起老奥巴马曾在国际音乐节上唱非洲歌曲，"你老爸唱得非常好，每个人都被他迷倒了"。

1973 年，奥巴马的母亲回到美国。奥巴马的外婆是个脚踏实地的务实派，而奥巴马的母亲却是个崇尚自由、充满理想和幻想的学者兼浪漫主义者，她会和儿子一起观赏日落月出的美景，也经常在半夜把奥巴马从床上叫起来看美丽的月色，或是听收音机里的函授课程。

1995 年，奥巴马的母亲雪莉·安·邓汉姆死于卵巢癌，终年53岁。奥巴马曾经在书里写到他妈妈跟癌症搏斗的过程，并体验到母亲的眼神中透露出来的孤独感，他写道："虽然她勇敢地同癌症搏斗着，自始至终都坚持用优雅的姿态和不时的幽默来迎接死神，但是我还是不止一次从母亲的眼神里发现一闪而过的恐惧，这种恐惧肯定不仅仅是因为对肉体的病痛和渺茫未知的世界的恐惧，而是走向生命终点时的彻底的孤独——在一个人生命的最后旅程中，没有第二个人能完整体会孤单的独行者内心的况味。"

在经历了亲人的亡故后，奥巴马觉得人应该活得有信仰，后来他接受了加入基督教的洗礼。他说："一个人需要虔诚地皈依基督，因为人们无不有需要洗涤的罪恶，也因为既然你是一个活生生的人，你就需要在崎岖的人生道路上为自己找到一个根本的精神支柱，以便将这崎岖的道路变得顺畅平坦一些。"

"如果你不能成为强者，那么就成为智者"

在奥巴马母亲去世时的8年前，奥巴马的继父，印尼人罗罗·苏托洛已经在 1987 年去世。苏托洛生前曾担任印尼石油公司的一个部门经理，在夏威夷大学深造的时候结识了单亲妈妈雪莉并与之结合。

苏托洛毕业后回到印尼，1967年，奥巴马被母亲和印尼继父带回印尼，在雅加达上了小学，奥巴马只用了半年时间就掌握了印尼语，至今奥巴马仍能熟练使用印尼语。

苏托洛的父母曾经参加反抗荷兰殖民者的革命，并双双被杀害。苏托洛曾目睹印尼人的村庄被荷兰人烧毁。他曾告诉奥巴马的母亲,自己的理想是在美国完成学业后回印尼去大学里教书,以此来为国家的进步贡献力量。

在奥巴马的传记《我父亲的梦想》中,奥巴马记载了他和继父之间的一次对话。有一次奥巴马和他的这位继父谈到杀戮,奥巴马问:

"你见过杀人吗?"

"见过。"继父奇怪地看了他一眼,说。

"这个人为什么被杀?"

"因为他是个弱者。"

"就这些了吗?"

"一个人总是会攻击另一个人的弱点并占取便宜。就像世界各国之间的争斗。强者夺取弱者的土地,强迫弱者在原来属于他们自己的土地上为强者卖命。如果那些弱者的妻子有点姿色的话,强者就会占有她。"

过了一会儿,继父问奥巴马:"你打算成为哪一类?"没等奥巴马回答,他就告诫奥巴马道:"最好成为强者",过了一会儿他又说,"如果你不能成为强者,那么就成为智者,然后再去为强者出谋划策,使他们爱好和平。但是最好还是自己能成为强者。"

奥巴马的父亲和继父的一个共同的文化背景是他们都具有伊斯兰文化背景,奥巴马回肯尼亚故乡寻根问祖的时候,出于尊重当地礼仪,曾披上一件伊斯兰服装拍下照片。这让共和党人兴奋莫名,他们千方百计地想把奥巴马和穆斯林扯上关系。那张奥巴马身着穆斯林服装的照片被美国媒体挖掘出来后迅即登上媒体。

2008年4月,麦凯恩公开宣称,大家都可以了解"伊斯兰教激进组织会喜欢谁当美国下一任总统"。奥巴马表示对这个说法深感愤怒,他批评麦凯恩"嘴巴说不会搞泥巴战,结果实际上是在这样做,这令人失望",尤其是"我对于哈马斯等激进组织的政策跟麦凯恩没有不同"。

奥巴马在印尼生活期间会不会曾经□依过伊斯兰教呢? 这根本没有可能性。奥巴马是在1967年被母亲和印尼继父带到印尼的,他在雅加达上

如今的奥巴马大潮

了小学，直到1971年返回美国。奥巴马在印尼期间正好是印尼史上一个改天换日的时期。1949年后，印尼联邦共和国总统一直为苏加诺，苏加诺一直倡导不结盟运动，与美国关系冷淡。1965年，印尼军方发动政变推翻了苏加诺，军人苏哈托上台，此后，印尼的国际外交路线来了个大转弯，从此投向美国一边。奥巴马的继父苏托洛能够到美国深造，并娶一个美国女子回国，带回一个美国继子，也要归因于苏哈托上台。所以，害怕奥巴马有"二心"的美国人可以放心：苏哈托为了争取到美国人支持他的军事独裁统治，在世俗学校里推行的都是亲美教育。

奥巴马的华人妹夫

在众多的同母异父和同父异母兄妹中，奥巴马与妹妹玛雅关系最亲密。玛雅是奥巴马的母亲和奥巴马的印尼继父苏托洛生的孩子，是名佛教徒，现在夏威夷大学任教，嫁给了华裔康拉德·伍（中文名吴加儒）。已入籍美国的吴加儒出生于加拿大多伦多附近，多年来致力于华语电影和华人认同之间关系的研究。

玛雅是所有兄弟姐妹中唯一与奥巴马共同度过部分童年时光的人，也是唯一获邀到民主党全国代表大会上发言的奥巴马的同胞兄弟姐妹。她称哥哥是一个"很难模仿的模范"。她回忆小时候奥巴马曾"带我参加各种节日，去博物馆，带我认识很多来自不同地区和背景的人，教会我站起来为自己的信仰奋斗。"

玛雅以奥巴马打扑克牌的风格为例介绍了哥哥的性格特征，她认为奥巴马从外祖父身上继承了对打牌的热爱，如果奥巴马在打牌时不选择出局，就说明他相信自己会获胜。在伊利诺伊州担任州议员时，奥巴马每周三晚上与一些同事打牌，借此来放松，并认识和了解更多的人。奥巴马打牌时小心谨慎，很专注，轻易不容易受到干扰，并且不会暴露他的意图，除非牌局对他有利。奥巴马细致地研究输赢的概率。如果他有一手好牌，他就玩。如果没有好牌，他就放弃，而非孤注一掷。他不倾向于冒险碰运气，而是喜欢稳扎稳打。但是他严肃认真地对待打牌，"他打牌就是为了赢"（When he plays, he plays to win）。

奥巴马几年前访问位于芝加哥的华埠社区时，曾形容其家庭成员团聚时好比是"小型联合国"，当时曾顺口提及有一位妹夫是华人，指的就是吴加儒。

吴加儒和玛雅是在夏威夷大学东西中心结识的，当时两人都在修博士学位，玛雅主修教育，吴加儒主修政治学，两人因"东南亚"结缘，因为玛雅出生于雅加达，有一半印度尼西亚血统，而吴加儒的父母是来自马来西亚的华人，两人有说不完的东南亚话题。吴加儒也任教于夏威夷大学，现在他们有一个女儿。

在吴加儒眼中，奥巴马是一个"诚实、工作努力、重视伦理及善解人意的人"。吴加儒说，"奥巴马提出的多项实质政策，包括移民政策首重家庭团聚、减少工作签证持有者对雇主的依赖、调整和亚洲国家的关系等，都和亚裔有关。""出生于夏威夷的奥巴马和亚洲有十分深刻的关系，奥巴马童年时和母亲在印度尼西亚居住数年,有机会接触到中国、马来及印度文化的熏陶,少年时又回到夏威夷,深受亚太及其他多元文化的影响。"

2008年3月初,当民主党的预选战正酣的时候,吴加儒在一封写给亚裔选民的信中说,"还从来没有一个总统候选人像奥巴马这样懂得亚洲裔美国人和太平洋岛屿民众。我希望亚裔美国人和太平洋岛屿的民众能够认识到这次机会,支持一个能和多种社区民众进行对话的候选人,支持一个给国家带来真正实质性变革的候选人。该由我们的人在白宫处理一切了。"亚裔选民一直都是对希拉里充满好感的,奥巴马及时推出他的华裔妹夫,效果非常明显,很多原来支持希拉里的华裔转而将选票投给奥巴马。亚太裔美国人促进会主席陈国财就在3月初表态支持奥巴马。陈国财在声明中表示,"我们很自豪,有玛雅和吴加儒作为奥巴马参议员的代表。"

肯尼亚"老家"的穷亲戚

奥巴马的父亲来自肯尼亚。肯尼亚被认为是人类的起源地之一,美国科学家在2008年发表的一项最新研究表明:在肯尼亚境内挖掘发现的600万年前早期人类骨骼化石是最早的直立行走人类。肯尼亚位于东非,东非地区的居民的肌肉中有一种很特别的肌肉纤维,特别有助于长跑,肯尼亚高原地区的部落民虽然人瘦瘦高高的看似营养不良,但奔跑起来却非常快,如果他们披着红披风手拿长矛站在高处,模样也还挺酷的。在2008年北京夏季奥运会上,非洲国家总共得到12块金牌,其中肯尼亚独得五金,列非洲国家金牌榜第一。在闭幕式的万米长跑颁奖礼上,获得金牌的正是奥巴马的肯尼亚老乡。

肯尼亚人友善而快乐,至今很多地区还保持着过去的生活传统,比如父母为小孩子指定婚姻,讲斯瓦希里语的国家的人民仍保持着密切的通婚关系,部落的概念强于国家的概念。居住在肯尼亚原野中的旅游客栈里,可以看到满天的星星,听到鸟鸣与虫唱。

如今,奥巴马在肯尼亚还有一些生活并不富裕的亲戚,奥巴马86岁的

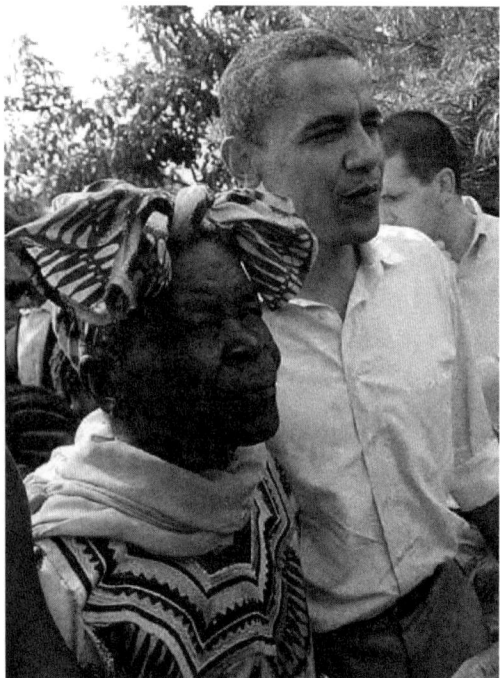
奥巴马与肯尼亚的祖母

祖母莎拉·胡辛·奥巴马仍住在肯尼亚的小村庄,莎拉在房间里贴满了孙子的竞选海报,还有孙子在1992年和2006年两次回肯尼亚探亲时拍摄的照片。不过,于1979年去世的奥巴马的爷爷娶过3个老婆,莎拉其实并非奥巴马真正的奶奶,因为奥巴马的父亲是他爷爷和第二个妻子所生,莎拉是奥巴马爷爷的第三个妻子。

奥巴马家庭关系复杂,母亲结过两次婚,父亲结过三次婚,还有一位同居女友。因此,奥巴马的兄弟姐妹、姑表姨表遍布世界各大洲。2008年7月,伦敦《泰晤士报》发掘出奥巴马有一位在中国深圳工作了6年的同父异母弟弟马克·恩德桑乔,他是奥巴马的父亲与其第三任妻子露丝(现居内罗毕)生的孩子。恩德桑乔曾在美国名校接受教育,现在的工作主要是帮助中国公司与美国公司合作。马克·恩德桑乔像他哥哥一样身材瘦高,是个素食主义者,他打算长期在中国生活下去。《我们中间的领导人:总统的兄弟姐妹们》一书的作者、专门研究总统家庭史的学者杜格威德说,"某位候选人突然平步青云当了总统,对他的兄弟来说可能不是什么好事","这会让他们觉得自己一事无成。他们想在一夜之间赶上去,于是他们大量活动,进行交易,结果陷入麻烦"。不过,马克·恩德桑乔因为从小就没有和奥巴马一起生活过,因此并没有这类问题,相反,他倒不太愿和别人提起自己的身份。

直到成年之后去非洲旅行,奥巴马才见到他在肯尼亚的大部分亲戚。

在回忆录《我父亲的梦想》中,奥巴马记述了与最小的同父异母弟弟乔治·侯赛因·欧扬戈·奥巴马短暂的会面。他在一个校园里找到正在玩耍的弟弟,奥巴马回忆说,这是"一个漂亮的男孩,有着圆圆的头,眼神谨慎……他握了握我的手,很快又跑回去玩了"。奥巴马和弟弟后来交换了地址,带着让自己"心痛的不诚实"答应给弟弟写信,然后奥巴马就离开了。在奥巴马获得民主党总统候选人提名后,意大利《名利场》杂志在肯尼亚首都内罗毕郊外的一间棚屋中找到了奥巴马的这位弟弟乔治,乔治每天靠不到一美元生活,身上净是街头打斗留下的伤痕。乔治说:"有人对我的姓感到好奇,问起我和奥巴马的关系,我总是说我们没有关系。我感到很羞愧。"当这个故事在美国流传开来后,选民们不禁问,奥巴马光出版自传就赚了数百万美元,他这样一个"好人"怎么能让弟弟生活在如此极端的贫困中呢?

奥巴马的肯尼亚的老家在维多利亚湖旁的一个名叫克格罗的村庄。当地村民属于卢奥族,与总统齐贝吉所属的肯尼亚第一大部族吉库尤族处于敌对状态。

2007年12月底,肯尼亚选举委员会宣布齐贝吉赢得选举连任总统,但反对党"橙色民主运动"指责其舞弊,拒绝接受选举结果。随后,肯尼亚各地爆发大规模骚乱,造成上千人死亡,30多万人无家可归。政治动荡还引发部族间紧张局势,许多民众被逼迫返回各自部族的居住区。

在克格罗村,人们最近谈论最多的话题就是肯尼亚的政治危机,以及一个卢奥族的后裔可能入主白宫的话题。

许多希望移民美国的肯尼亚人络绎不绝地来到奥巴马的祖母家,希望莎拉能够帮助他们得到签证前往美国。每一天,莎拉都不得不向这些人解释,"美国驻内罗毕大使馆才是提供赴美签证的唯一场所。"

"我知道从小没爹的苦处"

在奥巴马的人生旅途和成长经历中,父亲的角色实质上一直是缺位的。为了从心理上补偿这种不如别人的重大缺陷,一个人往往会产生非常强烈的成就动机。奥巴马的朋友、竞选团队财务官内斯比特说，"在我看来，从小父亲不在身边这件事对他有某种影响。这是矛盾的事情：奥巴马一边努力扮演两个女儿的好父亲角色；而在另一方面，他的雄心也正是源自他父亲的缺席。"奥巴马自己也说："一个男人的一生或者是为了实现父亲的期望，或者是为了弥补父亲的错误。对我而言，则两者都有。"

2008年6月15日，奥巴马作了一个关于为父之道的演讲，这一天是父亲节。在演讲中，奥巴马对那些不负责任的父亲们提出了批评，尤其是对黑人单亲家庭现象痛加针砭。奥巴马狠批了一顿美国那些已为人父的黑人们的毛病。由于他说中了要害，很多黑人尤其是黑人父亲们听了奥巴马的"训斥"后都觉得奥巴马点中了他们的死穴。

这一天，奥巴马来到芝加哥另一个以黑人信徒为主的"上帝使徒教堂"发表演讲。在演讲一开始奥巴马就引用《圣经》中的一段话，指出："上帝使徒教堂"之所以能长久存在并不断发展，就是因为教堂的创始人为之奠定了良好的基石。奥巴马接着说：今天，最重要的基石是家庭。而每位父亲又都是家庭的基石，父亲是导师和教练，他们应该为孩子提供成功的榜样。对比现实，奥巴马批评道："但如果我们坦诚以对的话，我们不得不承认，今天有太多的父亲根本不称职"，"他们不愿负责，表现得像个小男孩而不是男子汉。家庭的基石因而遭到了撼动"。紧接着，奥巴马直言不讳地批评在非洲裔美国人社会里一半以上的黑人小孩生活在单亲家庭里，这个数字比奥巴马的童年时代高出一倍。奥巴马举出统计资料说：没有父亲的孩子落入贫困或犯罪的可能性比有父亲的孩子高五倍；而他们辍学的可能性更高出有父亲的孩子九倍；锒铛入狱的可能性高二十倍。针对这些统计数据，奥巴马辛辣地嘲讽那些不负责任的父亲们说："做父亲的责任并不终止于导致怀孕"，"有生育孩子的能力不配称作男子汉大丈夫，有抚养孩子的勇气才配得上男子汉这一称号"。

奥巴马以自己从小饱尝父爱缺位的痛苦为例说："我知道从小没爹的苦处，当然我的处境不像今天许多年轻人的处境那么不幸。我父亲在我两岁时就离开了我和母亲，我只能从他的书信和我们家里的其他人讲到他

奥巴马与女儿在一起

的故事中了解他，但我比大多数没父亲的小孩都幸运。我在夏威夷长大，我有来自堪萨斯州的外祖父和外祖母，他们尽一切努力帮我母亲抚养我和我妹妹，他们教导我们对人要有爱心和责任感。……尽管如此，我了解我母亲维持一个单亲家庭的艰辛：挣扎着还账单；挣扎着给我们买别的孩子都有的物品；挣扎着又做爹又做妈。"

奥巴马接着举了一个现实中的例子来说明抚养孩子，给后代创造一个更好的环境与人生意义的关系。他说："前天我在威斯康星州市政厅的座谈会上回答了一个问题"，"有个年轻人很严肃地瞪着我问道：生活对你有何意义"？奥巴马对这个问题毫无准备，他停下来想了一会儿说："我年轻的时候，整天想的只有自己——我如何闯出一条路来，我如何取得成功，我如何获得我想要的东西。现在，我的生活围绕着我的两个女儿。我想到的是我要带给她们一个什么样的世界。她们应该生活在一个由一小撮富人和一大帮穷人构成的国家吗？她们应该生活在一个仍然有种族歧视的国家吗？"奥巴马接着自问自答："我相信，如果我们不能为所有我们的孩子留下一个更美好的世界的话，生活就没有多大价值。"

奥巴马的这篇演讲一出来，很快就获得普遍的好评，人们加深了一种印象，即他是个有责任感的人。他在演讲中有很多令人倾倒的格言："强者不是把别人击倒而是把别人扶起来。"有人认为，奥巴马的价值观更接近于中国人的传统价值观，他所主张的为父之道与中国父母的实际做法真的是相差不大。也许，这一点可以成为奥巴马今后与中国政治家谈话时可以共享的一个价值观。如果这一点成立的话，那么麦凯恩所说的中美之间的交往只能基于共同的利益而非共同的价值观的说法就显得有失偏颇了。

二、"外祖父的话在我心中激起最原始的恐惧"

- ■ "肤色自卑"
- ■ "我在十几岁的时候是个瘾君子"
- ■ "极优等拉丁文学位荣誉"
- ■ "奥巴马是一位很帅的教授"
- ■ 奥巴马的内心世界

"肤色自卑"

奥巴马在成长过程中曾遭遇两个认同危机,一个是种族认同,一个是信仰认同。奥巴马10岁的时候回到美国,上的是比较好的学校,白人孩子占绝大多数,只有3个黑人小孩,奥巴马是其中之一。因为自己的肤色与学校里的大多数同学不一样,奥巴马产生严重的身份认同危机。

在《我父亲的梦想》一书中,奥巴马提到,有一天,外祖母很生气地回到家,奥巴马问怎么回事,外祖母抱怨说当她在等车

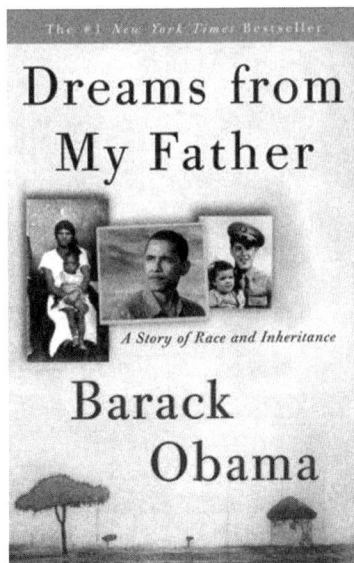

《我父亲的梦想》一书

时，一个人向她讨钱，那个人很过分，给了他一美元，还不断地要，如果公交车没来，外祖母认为那个恼羞成怒的人将会动手打她。奥巴马建议外祖父给外祖母买辆车。外祖父说，其实外祖母以前也被这种人打扰过，但她这次很生气的真正原因是那个向她讨钱的家伙是个黑人。外祖父全然不顾奥巴马的感受说出了实情，这些话深深地伤害了奥巴马的心灵，也激起了他心中最原始的恐惧。

为了给自己寻找自信，奥巴马吹嘘说自己的父亲是非洲的王子。据奥巴马在夏威夷畔拿荷中学就读时的一位同学回忆说："他是善于交际的活跃分子，积极向上。经常跟我们说他爸爸是一位非洲国家的王子，是位让他为之自豪的成功领导人。"而当他生父有一天终于从非洲重新访问美国，并应邀来奥巴马的学校演讲的时候，奥巴马就坐在下面，他把头埋得很深，觉得非常没有面子。老奥巴马讲到了非洲大草原的野生动物，讲到他们部族长者为尊的传统，讲到年轻的男孩需要用猎杀狮子来完成成人仪式，还讲到肯尼亚反对殖民主义、争取国家独立的斗争。老奥巴马的演讲很成功，这些话题深深地吸引了台下的学生和老师，他们完全被折服了，大家都对奥巴马说："你有一位很了不起的父亲。"同学们并未因奥巴马撒谎而嘲笑他，过后还对奥巴马说：你父亲很酷。但是这些鼓励并不能解除奥巴马心中的肤色自卑。

在《我父亲的梦想》一书中，奥巴马还提到，自己十几岁在夏威夷时，内心时常在挣扎。他当时是一名狂热的篮球运动员，但在球队里他感觉自己是个"外乡人"，因为他"总是要和一群白人运动员打球，遵守他们的球规。如果哪个裁判或教练想往你脸上吐口水，他完全可以这么做，因为他拥有那个权利而你只能承受"。但是奥巴马当年的同学没有人体会过这个黑人兄弟内心的挣扎，奥巴马当年的密友凯利·弗鲁士马回忆说："当时我们这些各种肤色的人在一起相处很融洽。我很难想象巴里（奥巴马的昵称）会有这种感觉，因为他看起来总是很开心，一直笑脸迎人。他的书里提到肤色和社会地位曾带给他极大的苦恼，我们都想说：他不该有这种感觉，我们都是有色人种，大家在一起不分你我。"

不过，正是小时候如影随形的自卑导致一个人要么沉沦，要么就会迸发出惊人的斗志，要通过奋斗和成功来证明自己也是地球上合格的居民。当年马丁·路德·金曾引用《圣经》的话掀起了黑人民权运动的风暴，其中最有名的一句话就是："我们黑人也是上帝按他自己的形象创造的（We too are made in God's image）。"或许正是肤色自卑在日后导致了奥巴马产生强烈的成就欲望，并最终促使他从博士、教授、州议员、国会议员一路走来，并最终锁定最高奋斗目标：成为美国首位黑人总统。

白宫的主人只有一位

"我在十几岁的时候是个瘾君子"

在奥巴马奋起反抗心中的自卑感和堕落的冲动之前，他经历过一段街头混混的生涯。

2008年初，当奥巴马和希拉里的选战如火如荼地进行着的时候，希拉里的支持者、黑人娱乐电视的创办人鲍勃·约翰逊站出来批评奥巴马说："当克林顿和希拉里满怀热情地参与黑人事业，奥巴马还在某个街区酗酒吸毒呢。"一位南卡罗来纳议员认为这是对奥巴马严重的人身攻击。对此希拉里表态说，鲍勃·约翰逊的话只代表他个人的观点。

奥巴马在自己的传记里对自己一度曾酗酒吸毒的经历毫不讳言。他在自传《我父亲的梦想》中回忆说，"我在十几岁的时候是个瘾君子。当时，我与任何一个绝望的黑人青年一样，不知道生命的意义何在。"他抽大麻也用过古柯碱,也经常酗酒,还吸烟,"我希望这些东西能够驱散困扰我的那些问题"。他曾在夏威夷海滩和印度尼西亚街头游荡逃学,"过了一段荒唐的日子,做了很多愚蠢的事","中学时候的我是每一个老师的噩梦,没人知道该拿我怎么办"。

有趣的是,前总统克林顿年轻时也抽过大麻,与奥巴马不同的是,诚实的奥巴马大大方方说他抽大麻的往事,不诚实的克林顿则说他年轻时抽大麻时尝试了一下"但未吸进去",这样的自我澄清成为美国人的笑柄。

不过,尽管奥巴马早已告别了早年的放浪生涯,并且已经将自己的经历坦诚相告给世人,他小时候的这段经历仍然给他2008年的竞选活动带来负面影响。奥巴马高中时代的多名玩伴披露,在夏威夷就读高中时,他不仅终日逃学并吸毒成瘾,还以其放荡不羁的性格和英俊的外貌获得了不少女生的好感,并在17岁时与一名美丽的女生坠入爱河。但奥巴马仍经常背着女友拈花惹草,令女友伤透了心。1979年毕业前夕的一个高中舞会上,他竟干脆将已经交往了一年的女友甩掉,闪电般地与一名只有15岁的金发白人女孩开始交往。当有天晚上奥巴马搂着15岁的金发女友出现在舞会上时,所有人都被这位金发少女的美貌惊呆了。但不久后,这位美少女也和奥巴马的前女友一样遭到抛弃。

还有更离谱的事情。2008年2月,奥巴马小时候的玩伴,一位日非混血的毒贩凯斯·卡库伽瓦威胁奥巴马说,如果不给他一笔钱,他就捏造关于他过去的故事,破坏他的形象。30年前,奥巴马和凯斯是一对好朋友。两个混血的小学生同在夏威夷一家私立精英小学读书,课余他们一起打篮球,一起去黑人社区玩耍。30年后,奥巴马成了参议员,而47岁的凯斯刚从监狱里放出来,无家可归。凯斯听说奥巴马在竞选总统,便打电话开口向奥巴马要钱,还威胁说否则就要捏造关于他过去的故事。奥巴马非常惊讶,他告诉凯斯,自己马上要参加一个竞选活动。事后,奥巴马在接受媒体采访时表示,他的老朋友遇到"严重的问题",而且他的困难是"一种羞耻"。随后,奥巴马又不无痛苦地说:"突然之间,所有跟我的生活有过丝毫联系的人,都被放到了报纸的头版,在放大镜下细细观察。"

奥巴马"街头混混"的生涯也并非一点收获都没有,这些经历使奥巴马特别能理解"草根阶层"的需求,也更懂得怎样和"草根阶层"对话。后来在哈佛大学的精英教育是无论如何也无法抹杀这种"草根"的印记的。而这种"草根"色彩也使得奥巴马在2008年的选战中获得媲美2000年参加竞选的小布什所营造出来的牛仔精神的效果。同时,由于经历上的相似,现年50多岁的阿克塞尔罗德在多年前就成为奥巴马的铁杆哥们,在2008年大选之际,他成为奥巴马的得力干将并立下汗马功劳。

"极优等拉丁文学位荣誉"

奥巴马"街头混混"的生活并没有持续多长时间。经过内心的挣扎,奥巴马正式认同自己是一名黑人(非洲裔美国人)。1981年,20岁的奥巴马决心痛改前非,进入哥伦比亚大学学习国际关系。那时的奥巴马努力探寻生命的意义,他的内心充满了矛盾:自己究竟是白皮肤还是黑皮肤? 是传奇还是悲剧? 奥巴马入读哥伦比亚大学,部分原因正是想远远逃避过去。奥巴马坦言,"那时我做过许多精神层面的探索。为此我刻意过着遁世的生活。"他不但斋戒自己,连好些天不同他人交谈也是常有的事。此时的奥巴马并不寂寞,他以书为伴,接受圣·奥古斯丁的"训诫",拜读尼采的论著,他还喜爱英国记者格雷厄姆·格林的作品,此人信奉天主教,所著短篇小说内容充满妥协、矛盾和痛苦。奥巴马阅读后便会陷入沉思,并在脑中与作者进行论辩。每当礼拜天早晨,内心烦躁的奥巴马便散步去一家非裔美国人所办的天主教圣会场所,比如哈林区的阿比西尼亚浸信会教堂。奥巴马说自己"只会坐在后排,听听唱诗和布道","好几次听着听着合唱,我情不自禁地流下眼泪,心灵深感解脱"。

大学毕业后,奥巴马曾有两年时间就职于华尔街的咨询公司赚取高薪,那时,他是一个标准意义上的资本主义精英。但是,和一般人不同的是，他迅速放弃了这条人生道路，敲定了以公职为志业的生涯规划，决定到芝加哥贫困的黑人社区从事社区服务。

1985 年，芝加哥一家民权组织雇用奥巴马为社区组织者

奥巴马在芝加哥的房子

（community organizer），年薪只有1.3万美元，他在这个职位上一呆就是3年。在这3年时间里，他做的是改善社区的道路、照明、房屋修缮、劳资关系协调等具体而微的事情。奥巴马复兴社区的能力是他后来竞选的主要号召力，也是选民信任这位47岁年轻人的依据之一。奥巴马还在芝加哥受洗为基督徒。

奥巴马在芝加哥社区做社区组织工作的时候曾处理过一次危机。在一次会议上，一大批同事集体辞职，因为他们觉得太累了，辛辛苦苦干了两年，收获却不大。奥巴马发表了一次小型的演讲："你们说很累，其实这儿的大多数人都很累。我们来这儿并不是需要一份薪水，而是因为想改进这儿的社区服务。我不介意过去发生了什么，我只知道，在这儿和你们一起工作，我们一定可以改变目前的一些现状，如果你们认为和我一起工作后，什么改进也没有，那么首先需要辞职的人是我而不是你们。"大家对奥巴马的言论很惊讶，他们都答应留下来继续想想办法。从这件小事可以发现，奥巴马很会做说服工作。

奥巴马服务社区的经历成为他竞选总统时可以拿出来说说的"政绩"，但是在共和党人看来，这样的"政绩"未免显得有点微不足道。2008年

9月，在共和党四天的代表大会上，美国政坛有影响的人物——登台发言。前纽约市长朱利安尼在演讲中赞美麦凯恩是真正的美国英雄，他说麦凯恩通过了所有的考核，已经完全预备好成为美国总统。朱利安尼的发言中有一句话是美国人都会认同的，他说，每四年都会有一次历史上最重要的选举，而这一次却可能才是真正重要的选择，奥巴马与麦凯恩相差如此之远，由谁主政，美国的走向可能真的会是南辕北辙。朱利安尼对奥巴马的评价，看来更像是共和党对奥巴马的评价，他指出奥巴马根本没有任何行政经验，没有治理过市政、州政，更不必说国家行政，"他从未领导过别人，唯一称得上的是类似居委会主任的'小区组织者'"，此话一出，全场大笑不止。

但是我们也不必对朱利安尼的话过于当真，毕竟这是竞选，而且奥巴马服务社区时年龄才20出头，这样的年龄即使有本事也不可能获得治理州府和市政的机会。朱利安尼的揶揄，未免忽略了历史。

芝加哥的社区服务经历使奥巴马决心从政，奥巴马一旦决定从政以后，定位相当清楚，就是要竞选地位尽可能高的公职，而要胜任这样的公职必须要有为公众服务的知识和能力，于是，他决定报考哈佛法学院，攻读法学博士学位。

就读期间，他当选全美最权威的法学杂志《哈佛法学评论》(The Harvard Law Review)的总编辑，这是人才济济的哈佛法学院所有1600名学生当中最高的荣誉，竞争这个岗位需要候选人展现过人的智慧与特殊的领导才能。奥巴马是《哈佛法学评论》104年历史上，第一位争取到这个位子的非洲裔美国人。这个位置通常被视为法律专业学生毕业后进入美国最高法院当法官秘书，进而步步高升的敲门砖。奥巴马为《哈佛法学评论》撰写的编辑意见给当时的芝加哥大学法学院教授迈克尔·麦康奈尔留下了深刻印象，他提供了奥巴马在芝加哥大学兼职讲师的职位，配备一个办公室，一个电脑。就是在这个电脑上，奥巴马敲打出了后来极为畅销的自传《我父亲的梦想》。

奥巴马在读哈佛法学院时，仍然残留了一些早年桀骜不驯的性格。因

为违章停车,他总共领到17张罚单,但他只肯支付2张。直到17年后准备竞选总统的两周前,他才决定把账付清。

1991年,奥巴马以"极优等拉丁文学位荣誉"从哈佛大学毕业,他又回到芝加哥,并且结婚生女,真的在黑人社区扎根长住下去。他首先选择了芝加哥一家专门受理民权诉讼的小型律师事务所工作,当了多年的"穷人的代理人",并在芝加哥大学法学院兼职教起了宪法学,从讲师做起,后来做到宪法学教授。

"奥巴马是一位很帅的教授"

芝加哥大学法学院是全美最好的法学院之一,同美国其他的精英法学院相比,芝加哥大学法学院更加保守,相对右倾。在奥巴马之前,这里从未出现过黑人教授。因为在这里教书,在后来的政治竞选中,奥巴马经常被贴上"知识分子"、"精英"的标签。奥巴马在课堂上喜欢对学生直呼其名,还嘲笑学生的浪漫情调。这一秒,他还满脸严肃地讲解一个案例,下一秒却开始分析好莱坞经典黑帮电影《教父》。学生们当然喜欢这样的老师,这些学生后来成为奥巴马竞选公职的第一批"粉丝",他们自发走上街头,分发奥巴马的竞选传单,为奥巴马募集资金。

奥巴马在演讲

奥巴马在芝加哥大学

开设了三门课：一门涉及宪法程序和平等权利问题；一门课关于投票权，涉及内容包括剥夺黑人的选举权、明显种族区域选举的公平性、选举资金法等，这是奥巴马最喜欢的一门课程；最后一门课是关于法律的政治、历史问题研究，奥巴马为这门课编写了教材。1996年，奥巴马升任高级讲师，这是少数兼职教学的联邦法院法官才能得到的头衔。期间，他一直在芝加哥的一家律师事务所工作。

奥巴马对于历史上的人权受侵案件情有独钟，他还专门搜集了1919年美国被处私刑的受害者名单，包括美国历史上第一个因被强奸而割掉耳朵和手指的人，婚前怀孕连累孩子也被处私刑的人，等等。奥巴马的课程受到了极大的欢迎，当时芝加哥大学风行这样的说法："选奥巴马的课吧，那里有一个很帅的教授，讲解一些奇怪的案例。"

1996年，在接受芝加哥大学校刊采访时，奥巴马说，"就全国而言，民主党和共和党的合作意味着民主党不再关注穷人的利益，放弃了国家在解决贫困、种族歧视、性别歧视和环境保护问题中的作用。"这种对当时的克林顿政府的批判体现的是典型的学术精英的立场。

奥巴马教授还喜欢激发学生的讨论热情。学生们回忆说，奥巴马在学生们讨论时"总是不偏不倚"。有时这种不偏不倚的态度表现得有点过头，当时芝加哥政府准备通过一项法律，允许警察解散夜晚无故聚会的人群。芝加哥大学法学院的两名教授为这个问题争吵不休，奥巴马教授一反平日标榜的坦率，表现出少见的谨慎，他最终没有表示支持哪方。一个教授说，"他只是以一种感兴趣的心态参与争论。"

在12年的教书生涯中，奥巴马进行了五次政治竞选，包括三次伊利诺伊州议员和两次国会议员竞选。很多教授都觉得奥巴马和芝加哥大学法学院"貌合神离"，他们说，"在这12年中，教授室没有对奥巴马产生任何影响。""他是一个成功的教师，但是在其他的场合，他是一个缺席者。"法学院自由派的教授理查德·爱泼斯坦说，"他是一个聪明的聆听者、一个睿智的质问者，但是他从来不上台，从不自己跳舞。"

奥巴马的内心世界

即使对许多美国人来说，奥巴马依旧充满神秘色彩。除了知道他的导师是一个古怪和偏激的牧师之外，选民对他所知不多。这里我们尝试进入奥巴马的内心世界，看看他能不能做个杰出的行政长官。

尼克松深深折服的戴高乐将军曾在《剑刃》一书中解释什么叫领袖人物时说："它令人感到信念甚至幻想的魅力；它意味着领袖人物的宏图大志，他鄙视权宜之计，不屑做芸芸众生之琐事；他庄严孤高，不图享乐。"

奥巴马成功地传播出自己的信念，并赋予美国人对于未来的新的幻想。当奥巴马提出"改变"、"是的，我们能"这些看起来似乎有些空洞的竞选口号时，他是孤注一掷的，因为如果美国民众不买账，这些口号将显得非常浅薄和可笑，而它们远没有希拉里的"解决美国问题的方案"来的实

片刻的休息

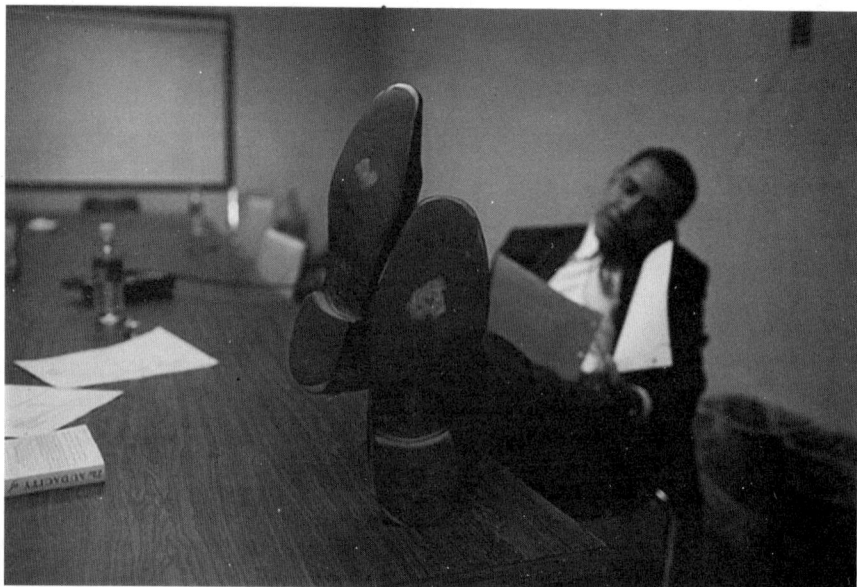

惠，但是奥巴马成功了，这种成功无法论证，只能靠奥巴马当初的直觉。戴高乐指出，领袖们自己都了解直觉的关键性意义。亚历山大把直觉称之为"希望"，凯撒称之为"时运"，拿破仑称之为"星宿"。直觉能使领袖人物"看事物入木三分"，"我们的智慧可以向我们提供事物的理论性的、一般抽象的知识，但是只有直觉才能给我们对事物以实际的、具体的感触"。

　　心理学家认为透过笔迹也能捕捉到一个人的内心世界。纽约另一位笔迹专家鲁宾说，麦凯恩的笔迹表明他是个有自尊心、理想及野心的人，他很重隐私。希拉里的字迹显示她很聪明、坚强，不到最后关头绝不放弃，但另一方面却欠缺情感及温情，而且无法忍受笨蛋。她的笔迹很阳刚，相反克林顿却很圆滑带点女性特质。笔迹显示，奥巴马是3人中最懂得做人处世的。他的签名流畅、一笔到底，显示他很聪明、有弹性、有预见性，同时他也是很重情感的人，跟谁都能聊上几句，他的签名方式显示他并不希望把自己的事过多摊在阳光下。

　　奥巴马具有一些孤高的特点，这是符合领导者的特质的，领导者的孤僻往往是天生的。奥巴马常常在周围一片沸腾的气氛中保持冷峻的神情，在所有人都被他的演讲煽动得如痴如醉时，他自己却显得无比清醒，因为清醒而显得孤独。卓越的人物往往上天入地，和伟大的历史人物对话，现实中的身边人往往没有几个能够有资格和他对谈的，身边人的庸碌和鼠目寸光也使他不能忍受，因此，卓越的人物有孤僻的倾向。

三、"愿你的这盏灯永远为我长明"

- "我在普林斯顿总觉得自己只是个访客"
- "和这个小伙子一起吃顿午饭没什么大不了的"
- "别把事情搞砸就行"
- "既享有特权又有一种受害者的心理"
- "自从我成人以来,我首次为我的国家感到骄傲"

"我在普林斯顿总觉得自己只是个访客"

　　奥巴马的妻子叫米歇儿,身高1.8米,仪态端庄,甚至有人称赞她将杰奎林·肯尼迪的风度和劳拉·布什的魅力集于一身。2007年,美国《名利场》杂志评出年度全球最佳衣着人士排行榜,米歇儿就榜上有名。米歇儿能力也很出众,她在芝加哥大学担任医院副院长,年薪高达27.5万美元,约为奥巴马的两倍。此外,米歇儿还在6家机构的董事会任职。2007年5月,米歇儿宣布辞去芝加哥大学医院副院长职务,为丈夫助选。2007年9月,米歇儿接受美国《魅力》杂志采访,大讲丈夫生活中的"糗事","揭发"丈夫睡觉鼾声阵阵,早晨醒时还臭味熏人,以致女儿们都不愿意爬进他的被窝和他亲近。

　　米歇儿·罗宾逊是土生土长的芝加哥人,父亲是一位水管工,母亲对子女教育很重视,每晚只允许米歇儿和哥哥看一个小时的电视。米歇儿和哥哥的童年主要在读书、下国际象棋中度过。米歇

奥巴马与米歇儿在"超级星期二"的竞选活动中一起登台造势

尔还具有运动天赋,喜欢玩棒球、足球和篮球。到六年级的时候,米歇尔加入天才班。之后,米歇尔学习了三年的法语和两年的大学生物课程。

米歇儿有一个非常自强的父亲, 她父亲——也就是奥巴马的岳父——在大约在30岁时被诊断出患有一种病,得了那种病的人,身体的活动能力会逐步下降。在之后的二十多年中,奥巴马的岳父没有抱怨,一直坚持工作,养活全家。比方说吧,因为行动不便,他早晨在上班路上要多花一小时。在外人看起来他一切正常,他们一家人的生活也正常,但为了实现这种正常,他们一家人付出的努力是难以想象的。

1981年,米歇尔进入普林斯顿大学读社会学,米歇尔是班上四个靠奖学金读书的学生之一。米歇尔说:"我在普林斯顿的经历让我前所未有地注意自己的肤色。有时候我总觉得自己只是个访客,并不属于那里。"1985年,从普林斯顿大学毕业后的米歇尔进入哈佛法学院学习,1988年毕业后成为芝加哥悉尼·奥斯汀(Sidley & Austin)律师事务所(美国第六大律师事务所）的律师。

"和这个小伙子一起吃顿午饭没什么大不了的"

1989年，米歇尔认识了到律师事务所实习的奥巴马，并担任奥巴马的业务指导，成了比自己大三岁的奥巴马的老师。当时的米歇尔非常勤奋，常常加班，她的办公室的灯光常常在周围的一片黑暗中独自璀璨，正是这灯光使奥巴马魂牵梦绕，因为奥巴马也很勤奋，也常常加班，他为不远处的另一处灯火着迷。

有一天，他向米歇尔表白："愿你的这盏灯永远为我长明。"奥巴马开始了对自己的实习指导者米歇尔的追求。米歇尔最初拒绝了奥巴马的约会，米歇尔认为，办公室恋情存活的可能性并不大。但是奥巴马锲而不舍地追求米歇尔，他不断邀请米歇尔外出，米歇尔向好友凯利·麦克阿瑟求救，凯利告诉她："我想，和这个小伙子一起吃顿午饭没什么大不了的。"就这样，他们开始了第一次约会。两人看了一部电影，散场后，奥巴马请米歇尔吃饭。不久，他们成了一对情侣。1992年10月，米歇尔与奥巴马正式结婚。奥巴马也成功地"把老师发展成老婆"。

婚后两人分别辞去律师工作，奥巴马开始进军政坛，米歇尔则开始做社会工作，成为一家著名非营利教育机构的负责人。后来米歇尔进入芝加哥大学工作。奥巴马夫妇育有两个女儿：玛丽亚和萨莎。奥巴马宣布参选总统后，因特网上一段名为"迷恋奥巴马"的视频"得罪"了他6岁的女儿萨莎。这段视频的女主角是当红模特兼演员安伯·李·埃廷格。画面中，她身着印有奥巴马名字的紧身衣，展示着自己的姣好身材，并表达了自己对奥巴马的倾慕："宝贝你是最棒的候选人……我迷恋奥巴马。"萨莎注意到了这段视频，而且对此感到不快，有一天她跑去问妈妈："爸爸已经有妻子了？"

与希拉里和克林顿问题频出的婚姻相比，奥巴马与米歇尔的婚姻健康、稳定，这显然是奥巴马参加竞选的优势，会为他赢得更多支持者。2007年，美国《黑檀》杂志举办的"美国十大人气夫妇"评选中，奥巴马夫妇名列其中。

米歇儿是个颇"厉害"的女性,奥巴马曾发起一个限制武器贩卖和黑市交易的法案,他高兴地给米歇儿打电话,想与她一起分享这个消息。当奥巴马和米歇儿滔滔不绝地讲这个法案的重要性时,米歇儿打断了他,说在家里的厨房和楼上的浴室发现蚂蚁,希望奥巴马明天在回家的路上买些蚂蚁的捕捉器。因为米歇儿自己明天要带女儿去医院,奥巴马只得答应了,挂了电话之后,他的好心情立刻烟消云散。奥巴马想:是否约翰·肯尼迪和约翰·麦凯恩也要在下班回家的路上买蚂蚁捕捉器呢?

"别把事情搞砸就行"

2005年1月的时候,奥巴马访问白宫,并通过一个幽默恭维了自己的夫人,同时恭维了小布什和劳拉,而仔细琢磨这份恭维的背后,竟然还有些嘲讽小布什的意味。那是奥巴马刚入选国会参议员不久,他去访问白宫,小布什亲自陪他吃早餐,在向劳拉介绍奥巴马的时候,小布什说,"这就是奥巴马,我们在电视上看到过他,他有一个非常美满的家庭,一位非

奥巴马一家

奥巴马和麦凯恩在纽约州的亨普斯特德结束总统选举前的最后一场辩论后双双携夫人出场向观众致意

常出色的夫人。"奥巴马立即回应道："我们都得到了我们自己般配不上的配偶（We both got better than we deserve）。"

这句话除了赞美了自己的老婆，也恭维了小布什和劳拉，但是言下之意又贬低了小布什，等小布什回过神来心里一定会觉得憋屈："你自己般配不上是你的谦虚，你凭什么替我谦虚？难道我真的配不上我老婆？即使我真的配不上我老婆也轮不着你来告诉我啊！"这个真实的故事出现在奥巴马的第二本著作《大无畏的希望》里，奥巴马公开自己对小布什的奚落，显然有贬低小布什和共和党的潜在用意。

对丈夫的参选，米歇儿一开始并不抱多大希望，她只是轻描淡写地对奥巴马说，别把事情搞砸了就行。米歇尔不同于政治野心毕露无遗的克林顿夫人希拉里，她从来没有暗示她期望与丈夫共同执政。但是也不同于麦凯恩夫人辛迪默不作声，米歇尔在全国来回奔走，替丈夫代言，她的演讲火药味十足。在许多方面，对于奥巴马的竞选活动来说，她都是一项巨大的财富。她聪明过人，很有抱负，美丽迷人而且还能言善道。甚至当奥巴马不在场时，她也会吸引大量热情的观众。而且她还能抽出时间做一名超级妈妈，她买了两台手提电脑为的就是让她的丈夫在竞选旅途中能够看到他的女儿们，并能够和他们交谈。

2007 年 2 月 11 日，在奥巴马正式宣布参选的第二天，米歇儿接受记者采访时就表达了对身为一名黑人的丈夫挑战美国白人地位的大无畏的行动的担心，她说："奥巴马也许会在去加油站的时候被射杀——但是，一个人不能因为恐惧和可能发生不测而裹步不前。"

米歇尔参加一个脱口秀节目，为丈夫竞选

"既享有特权又有一种受害者的心理"

随着奥巴马竞选活动的开展,米歇儿也辞去了工作为丈夫助选。2007年8月16日,米歇儿在艾奥瓦州康西尔布拉夫市向支持者发表了题为《我们对总是感到恐惧已经很厌倦了》(Tired Of Being Afraid)的7分钟演讲。演讲的大意是,奥巴马一家本来过得很好,竞选活动是对他们的美满生活的破坏,但是米歇儿不希望自己的女儿们在一个建基于"害怕"的社会里长大,因此她作出了"牺牲",支持她丈夫竞选美国总统,她丈夫是一非常特别的人,是位力图实现变革的人。她呼吁选民投票不要基于"害怕",而是基于对变革的要求。

2008年1月24日,很多美国人打开电子邮箱,会收到一封来自奥巴马的夫人米歇尔的邮件。邮件暗示希拉里夫妇"两打一",还指责他们不择手段。信的标题很吸引人《我们未曾料到的》(What we didn't expect)。内容是:

朋友:

在过去一两个星期中,另一位候选人的配偶吸引了极大的关注。

我们参选时就料到,奥巴马将要同时对付克林顿参议员和克林顿总统。

我们料到,比尔·克林顿将吹嘘他在九十年代的政绩,谈论希拉里在他的成功过程中扮演的角色。这种手段是公平的,也是我们准备去面对的。

我们未曾料到的,至少是未曾料到会在党内出现的,是最近看到的那种为了胜利不择手段的策略。我们未曾料到那种对奥巴马的历史做恶意的歪曲和引人误导的指责。

……

奥巴马不靠一个前总统为他竞选。他靠的是咱们——你、我，以及数十万像咱们一样的人，他们正为竞选提供力尽所能的支持。

请站起来迎接那些攻击。今天，请在网上捐你的第一笔50$，参与这场竞选。

谢谢！

米歇儿

米歇儿说话直接，很受人喜欢。她以前的演讲很少强调美国积极的一面，在她心目中，美国是一个"彻头彻尾卑劣的国度"。在这个国家，一家人为了填饱肚子往往要紧衣缩食，母亲们极度恐惧，如果怀孕就会被解雇。她说，"在我的一生当中，老百姓的日子似乎越来越糟了。"她将大多数美国人为了生计所做的事情贬损得一无是处，她敦促年轻人"不要涉足美国工商业"，这对于为她钟爱的公众计划出资的美国工商业来说简直是恩将仇报。

保守主义者对她猛烈抨击。有一位尖刻的人将她称为"让奥巴马痛苦的另一半"。还有些人嘲弄她时不时抱怨私人财务状况，讥讽她就普林斯顿大学黑人的不幸遭遇所作的论文充满唯我论色彩。《国民评论》认为她"既享有特权又有一种受害者的心理，是一个奇异的混合体，大多数美国人过的可不是这种生活。另一方面，这的确使她成为奥普拉节目上的一位绝妙的嘉宾"。

"自从我成人以来，我首次为我的国家感到骄傲"

但有时候过于直白就会失言。2008年2月18日，米歇儿对着威斯康星州的观众直接谈到她的黑人丈夫也能在美国总统的选战中立足时说："自从我成人以来，我首次为我的国家感到骄傲。"（For the first time in my adult lifetime, I am really proud of my country.）她紧接着说，这不仅是

奥巴马夫妇在美国民主党大会上

Barack Obama

因为丈夫奥巴马的竞选活动获得广泛支持，更因为是有如此多的美国百姓渴望改变美国多年来的错误路线。有一位美国少数族裔说，自己就是从这一天开始喜欢奥巴马太太的，就因为她心直口快，就因为她坦率地说了真话，而不是只说"政治正确"的话。

但是，米歇儿的这句话立即遭到许多人的抨击，认为她不爱国，有人认为这是一个非常严重的种族信号，对米歇儿的话的正确解读是："我们黑人被压迫虐待了这么久，终于站起来了，终于对国家有认同感了。"继续曲解也可以是："不到黑人当总统，这个国家永远不是真正属于黑人的。"

这句话可能是句大实话，但是它却触动了哪怕是最麻木的白人的心中那根敏锐的神经。它可能会让美国的白种人群忽然意识到，这不是一场总统选举，这是一场黑人运动。虽然他们白人这么多年弥补黑人，但是黑人们从来没有从心理上接受过那些"恩惠"，他们一直在暗中较劲，要夺回权力和地位。奥巴马的竞选班子不得不站出来替米歇儿解释："当然她为美国感到骄傲，并热爱她的国家。但她意识到美国的政治制度并不总是完美的。"

奥巴马说，公众应该放过他的妻子。奥巴马夫人并不总是乐意当一位政治人物的妻子，她丈夫日程安排可谓疯狂，并且长期不在她身边，这让她和她的子女感到巨大的压力。在夜深人静的时候，她为丈夫的人身安全忧心忡忡。一直以来，她和丈夫一直承受着网上恶意编造的谣言的伤害。但是这些批评也值得奥巴马夫妇听一听，因为如果奥巴马成为总统，他的妻子将会对地球上最有权势的人物施加影响，因而她的枕边风甚至政治见识也是重要的。成为更著名的公众人物后，有时候说话也应该考虑减少一点个人色彩和愤世嫉俗的过激言论了。

事实上，在离开美国本土的时候，米歇尔曾经对奥巴马说："我从未意识到我有多美国化"，这是她在陪奥巴马寻根问祖一起访问非洲时说的。米歇尔在肯尼亚看到家族纽带和部落忠诚令人窒息，同辈亲戚不时地请求奥巴马夫妇的帮助，父辈亲戚们不请自来寻求支持。在回芝加哥的飞机上，米歇尔承认她特别盼着早点启程回美国，就是在这时候她由衷地表白："我从未意识到我有多美国化"。她说自己从未意识到自己在美国的时候有多么自由,她这时才觉得这份自由的珍贵和可爱。这实际上是爱美国的最生动的表白。

2008年9月的共和党代表大会上,党内大佬轮番上台高喊爱国,其中以副总统候选人佩林喊得最响,作为女性,她偷偷地把攻击的冷箭射向米歇尔:"我们美国人热爱我们的国家,无论这个国家状况是好是坏,我们永远为美国骄傲。"此话话音尚未落地,台下照例又是一阵"经久不息的、暴风雨般的掌声"。佩林的这段话其实暗中指向奥巴马太太曾说过的那句话:"自从我成人以来,我首次为我的国家感到骄傲。"四年前,共和党喜欢夸奖布什心直口快;今天,共和党照样夸奖麦凯恩说话坦率;可是,当奥巴马太太心直口快、坦率说话时,共和党却攻击她不爱国! 这显然是双重标准。有一位华裔套用流行语写了一首打油诗讽刺共和党:"如果一个人漂亮/英俊,俺们就说她/他是靓妹/帅哥;如果她/他长得实在太丑,那就说她/他是好人;如果她/他连好人都不够格咋办咧? 那只好说她/他爱国了! "

在一次接受《新闻周刊》的采访时,主持人请米歇儿"假设"一下当"第一夫人"时要做的事,米歇尔显然早就想好了。主持人问:"身为'第一夫人'参与各项政策决定,这是否也是你想效仿的?"米歇儿答:"我从没想过要效仿别人做事, 因为我也不认识希拉里。我觉得我无法效仿另外一个人。我想我只能成为我自己。"

四、"穷人的代理人"

"成功后坚决摒弃中产阶级态度"

奥巴马大学毕业后第一份工作在"商务国际",这是纽约一家专门提供研究服务的机构。奥巴马当时的同事贝斯·诺伊马·赖文说:"那儿简直是单身乐园——与人交往的时候免不了谈谈自己的故事——不过奥巴马基本上不参与这类事情……他很沉着,很成熟。我当时23岁,在他旁边感觉自己一无是处。"不久,奥巴马辞去高薪的华尔街工作,回到芝加哥穷人兄弟中去服务,成为一名社区组织者。

奥巴马在芝加哥平民社区参与社区建设时,主要是与教堂和牧师合作。但这些教堂普遍处于衰落状态,因为家境较好的黑人

奥巴马在俄亥俄州拉选票

一旦发达后都搬到郊区中产阶级社区去了,随着中产阶级的迁出,困守在黑人区的穷人只能越来越破败。这就使得在黑人社区做基层工作的奥巴马觉得越来越困难,这也使得奥巴马当时的工作显示出一些崇高的意味。

　　作为社区组织者的经历,令奥巴马将清在脑海里纠结的信仰意识和社会活动的种种观点。奥巴马意识到,他必须有自己的宗教信仰,来印证自己不会像那些搬出去的黑人精英一样背叛穷人区,从而取得社区居民的信任。他说,"要让我做到一方面忠于自己的信仰,一方面却不关心自己以外的世界,不想其他人的福祉,也不遵循世间的道德与伦理,是极不可能的。"当这些念头和那迫切寻求归属感的情绪一并在他的脑中涌现时,奥巴马来到十字架脚下,接受上帝的精神召唤。在《大无畏的希望》(*The Audacity of Hope*)中他写道"我听命于上帝的意愿,并且全心全意地寻求他的真理"。奥巴马选择了 "三一联合基督教会"(Trinity United Church of Christ),教会成员以专业人士为主。打动奥巴马的是他们的一条誓言:

"鼓励成功,但成功后坚决摒弃'中产阶级态度'",有这种中产阶级态度的人有了点钱就赶紧搬离黑人社区,好像从此可以跳出火坑、脱离苦海似的。

奥巴马回忆自己下定决心接受上帝时说,我"发现基督教很有力量——它是智慧和情感的结合,那种对基督救赎的力量的信仰,基督为我们的罪而死,通过他我们可以达到永生——还有,通过辛勤工作我们可以在人间建立秩序和找到生命的意义,因而超越个人的限制、缺陷和弱点"。

奥巴马说"三一教会"所在的教区适合他。一方面,"三一教会"坚持认为社会运动是基督教生活的一部分。另一方面这个教会像个大家庭。同一教会但不同地区的教友们互以邻居相称;每星期天去做礼拜的人们会去同一个礼拜堂,他们了解旁边坐的人,知道什么人生病了或者得到升职。奥巴马正是在担任组织者的时期认识了耶利米?赖特牧师,并与之成为朋友;奥巴马结婚后,有时上完礼拜他们俩会"搞搞家庭聚会,一起吃炸鸡,也常常谈谈家里的轶事"。

奥巴马2004年的著名演讲"大无畏的希望"的题目,以及奥巴马2006年出版的书《大无畏的希望》的书名,就来自芝加哥"三一联合基督教会"的牧师耶利米·赖特所写的一段布道。赖特是奥巴马的精神导师,奥巴马在作出任何大胆的政治行动前,都会跟赖特商量。2006年秋天,奥巴马跟赖特讨论了竞选总统的可能性。赖特提醒奥巴马,不要让政治改变自己,但赖特也鼓励奥巴马大胆尝试胜利或者失败。在奥巴马的自传体回忆录《我父亲的梦想》中,奥巴马以生动的语言刻画了他在1985年与赖特初次相识时的情景。

在《大无畏的希望》一书的"信仰"一章中,奥巴马回顾了他在宗教信仰上

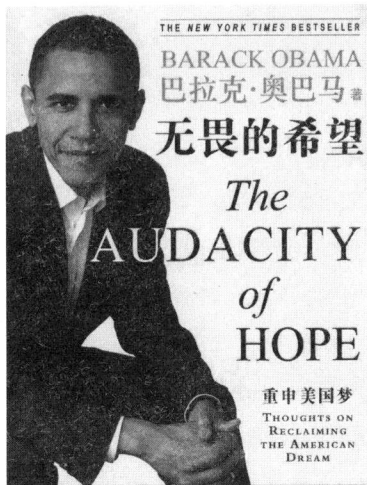

《大无畏的希望》中文版封面

的心路历程。奥巴马写道，在他每天在教堂中遇到的男男女女的日常工作中，从他们"在绝境中开路"以及在最恶劣的环境中保持希望和尊严的行动中，他看到了《圣经》力量的彰显。他意识到："信仰并不意味着你没有怀疑，也不意味着你放弃对这个世界的把握。"

在三年的社区组织活动中，人们经常问奥巴马一个问题："你这样有能力的黑人，大学、大公司巴不得抢了你当作标榜种族平等的战利品，你为什么要留在这里浪费自己的才华？"奥巴马反问他们："你们退休了为什么不在家过安心日子，却要出来找罪受？"他们回答说："我们是出于信仰。"奥巴马回答说："我也是出于信仰。"

"我是同胞弟兄的守护人"

基督教经典《圣经》中有这么一句话是奥巴马在演讲中喜欢引用的："我是同胞弟兄的守护人（I am my brother's keeper）"。《圣经·创世记》中，该隐因没有照看好弟弟亚伯而受到神的处罚。奥巴马引用这句话的用意是：成功的专业人士要留在穷人弟兄中间，因为幸运的人有守护之责，这应该成为人们的普遍信仰。

在2004年民主党总统候选人提名大会上，奥巴马是主要发言人之一。在引用了刻在美国国玺上的拉丁国训"E pluribus unum"（合众为一）之后，奥巴马就引用了《圣经》上的这句话说："正是这一基本信念——我是同胞弟兄的守护人，我是同胞姐妹的守护人——使得美国成为美国"，很多代表听到这里眼睛都湿润了。这篇著名的演讲使奥巴马在党内的名声一炮打响，光芒直逼另一总统候选人约翰·克里。

在另一处演讲中，奥巴马说："我不会满足于得到媒体的闪光灯和群众的掌声，当我越来越确信我能够帮助人们过他们渴望过的有尊严的生活时，我就越来越感到由衷的喜悦。我常常想起本杰明·富兰克林向他的母亲解释他为什么如此热衷于公共服务事业的时候写在家信中的那句话：'他生前有用，身后富有。'"

　　对那些渴望把自己托付给一个拯救者的人来说，奥巴马的反应是报以约翰·肯尼迪式的安慰，那就是，立足于我们生存的地方，如果说上帝做了一些拯救我们的好事的话，那一定体现为我们自己的作为，每个人自己都要按照上帝昭示的方向去努力奋斗。对那些极度崇拜奥巴马并将之视为自己的拯救者的人，奥巴马告诉他们，他们需要发掘自己内心深处的希望和信仰，并遵从自己的希望和信仰行事，以拯救他们自己。每个人都要将自己内心认为必须要做的事情尽快付诸行动，这才是真正的拯救。

　　20多年来，既是民权律师也是宪法学教授的奥巴马一直在谋求美国社会变革，喊出了很多社会下层民众的呼声，这让他赢得了大量底层平民的支持。奥巴马对政治家们老是把注意力放在富人和有权有势的人身上深为不满，他认为政府的一个重要角色是向所有国民开放机会。在奥巴马和其他人士的推动下，从1999年开始，芝加哥市政府推出了一个为期15年的改建计划，拆除南部黑人区的旧房子，重建高标准公寓，吸引中产阶级回归，形成各级收入家庭都有的新社区。

　　在竞选参议员时，奥巴马曾驱车走访了伊利诺伊州几乎所有的县城。他在书里回忆起这段让他受益匪浅的旅程时这样写道："社区中心、俱乐部、教堂、工会大楼、汽车旅店、美容店，甚至于私人家庭的用餐室，几乎所有能去的地方我都去了；我尽量不说话，只用心倾听他们的心声，尽管有时候能抽空前来见我的只有令人尴尬的一两个人；不管对方是喜欢听拉什·林堡（美国著名保守派清谈节目主持人），还是听美国全国公共电台（NPR，自由派舆论重镇），也不管对方是痛恨布什的人，还是对民主党感到愤怒的人，我都会认真地听取他们的意见。"

　　作为一个从社会底层逐步取得成就的议员，奥巴马对于平民阶层的号召力是不可估量的。代表全美180万工人利益的工会组织"劳工服务国际工会"领导人在接受记者采访时分析道："奥巴马拥有许多独有的'财富'。他了解工人们每天的生活，比其他政治家更愿意慎重思考该如何帮助他们解决各种困难。"

　　奥巴马本人对自己早年在芝加哥从事底层工作的经历也颇为自豪。

来自平民的支持

在一个电视节目中，主持人问奥巴马有什么成就，奥巴马列举了自己在芝加哥南部贫困社区做基层组织者的收获、在伊利诺伊州议会和联邦参议院的成绩等。

2008年5月19日，奥巴马参加了蒙大拿州印第安克劳部落举行的传统仪式，接受部落成员为他取的土著名字和为他指定的名誉双亲。奥巴马的印第安名字意为"向这片土地上所有人提供帮助者"。奥巴马承诺当选总统后将任命一名土著人担任白宫高级官员，改善印第安人的医疗和教育条件，提高土著人的地位。这一表态也显示了奥巴马力争获得穷人支持的政治立场和政治努力。

"改掉学究的演讲方式"

2005年的时候，奥巴马还只是个"菜鸟"参议员，2006年他就有了竞选总统的打算，到了2008年，他的总统竞选之旅有声有色地开展着——奥巴马在政坛的上升速度快得令人不可思议。难道奥巴马天生就是一个上苍眷顾的宠儿，注定在登顶的道路上一帆风顺吗？事实并非如此。

在冲刺全国性政治平台的时候，奥巴马也遭遇过惨败，2000年，奥巴马已经连任了两届伊利诺伊州议员，他想参选美国国会议员。但是在民主党的提名战中，他以一票之差败给了对手博比·拉什。奥巴马落败的主要原因之一是奥巴马身上的教授气质和精英气息使得平民百姓对他感到隔膜。此时的奥巴马加入的最主要政治团体是"海德公园"，这是个小型政治团体，主要由芝加哥当地的专业人士与大学教授组成，多年来奉行中立的政治态度和决策。

竞选国会众议员失败使他背上了6万美元的债务。芝加哥大学的教授回忆说，这时候的奥巴马看起来异常疲惫，不停地抽烟。奥巴马对自己的能力和身份产生深刻的怀疑。记者温俊华在《奥巴马："步步为赢"四步走》的文章中写道："他这时38岁，是一个得不到黑人群体支持的黑人政客，一个芝加哥权力核心的边缘人。"一位传媒顾问将他的失败和他的名字奥巴马联系起来，因为奥巴马和奥萨玛只有一字之差："当然，你没法再改名字了，即使改了选民也会对你表示怀疑的。要是你的事业刚刚起步就好了，这样你就可以用个别的名字。"

"由于长期为竞选奔波，疏于照顾家庭，米歇尔对他的忍耐已经到了极点。当奥巴马接到一个非营利机构的高薪职位面试通知时，他在前往面试途中紧张得双手一直在颤抖——既害怕得不到工作，又害怕得到工作。"

这时，芝加哥大学法学院院长丹尼尔·菲谢尔找到奥巴马，委婉地告诉他"你的政治生命已经结束了"，并提供给了他终生教授的职位。这个职位的工资比他在律师事务所、美国国会议员的工资要高出很多，但是奥巴马拒绝了。他迷恋政治的乐趣：激动不已的辩论，热情洋溢的会面，蜂拥而至的人群……这些都对他有着挥之不去的吸引力。

奥巴马决定从失败中学习，他首先学会了变通，学会把自己的形象塑造得能够为更多的人群接受，他一会儿是与旧势力斗争的改革者，一会儿是获得白人自由派支持的非洲裔美国人，一会儿是靠自己努力实现梦想的哈佛律师，而且各种形象之间没有什么明显的矛盾。奥巴马意识到，他不能把自己局限在"海德公园"的精英群体里。他找到时任伊利诺伊州参议院主席、民主党人埃米尔·琼斯。奥巴马坦言自己在2000年暴露出来的两个致命弱点是黑人群体支持率不稳定、缺乏党派和团体支持，而琼斯可以帮自己弥补这些弱点。琼斯利用自己的影响力为奥巴马组织了庞大的

奥巴马在蒙大拿州对选民发表演说

黑人支持队伍,里面既有教师,也有政府雇员和服务行业工薪阶层。在得到贵人提携的同时,奥巴马也不忘自我改造。首先改掉的是学究的演讲方式。奥巴马造访区内各个黑人教堂,学习黑人牧师讲话的节奏和夸赞的神态,并观察听众的反应,不断学习调整。他几乎从不错过每个星期在黑人教堂上发言的机会,并将自己的参议员候选人资格与黑人的进步联系起来;他不断强调自己对基督教的信仰。在面对白人选民时,奥巴马又搬出了自己的个人奋斗史。人们被他"任何人都可以分享我的激情,取得自己的成功"的口号打动。两年后,奥巴马停掉了在芝加哥大学的课程,全力竞选国会参议员。2004年,他竞选成功,正式从芝加哥大学辞职。

"参议院中最穷的人"

1996年,35岁的奥巴马从芝加哥第十三区, 南部的海德公园(Hyde Park)区被选入伊利诺伊州参议院,从此连任三届州议员。2000年,奥巴马竞选美国国会众议员失败。

2004年11月,奥巴马竞选联邦参议员成功,成为美国历史上第5位黑人国会参议员,也是当时美国国会参议院唯一的一名黑人参议员。2005年1月4日,奥巴马正式宣誓就任美国第109届国会参议员,旋即加入参议院外交委员会。

奥巴马在其自传中说:"当被问到第一年在国会山生活的感受时,很多参议员常常答道:'就像对着消防水管喝水一样。'这种比喻生动贴切,在参议院的最初几个月里,各种工作都向我扑来。……自选举日以来,我的办公室已经堆积了上万封选民的来信,每周我还要接到300个邀请我发表演讲的邀请。"

虽然忙,但是由于不愿意拿利益集团和游说者的献金,奥巴马的收入并不高,奥巴马自称是"参议院中最穷的人"。2007年,布什总统宣布给议员加薪,将年薪从15.8万美元涨到16.21万美元,奥巴马说,这对他来说无疑是一场"及时雨"。

"现在是我们这一代人作出回答的时候了"

2006年,奥巴马作为一位很有前途的政治明星的冉冉升起,他成为美国《时代》周刊的封面人物,封面上赫然写道"下一个总统?"在2006年10月的电视访谈节目《会面新闻界》中,奥巴马表示自己可能会参与2008年的总统竞选。民主党参议员理查·杜宾和伊利诺伊州审计长丹尼尔·海恩是2008年奥巴马总统竞选的早期倡议者。

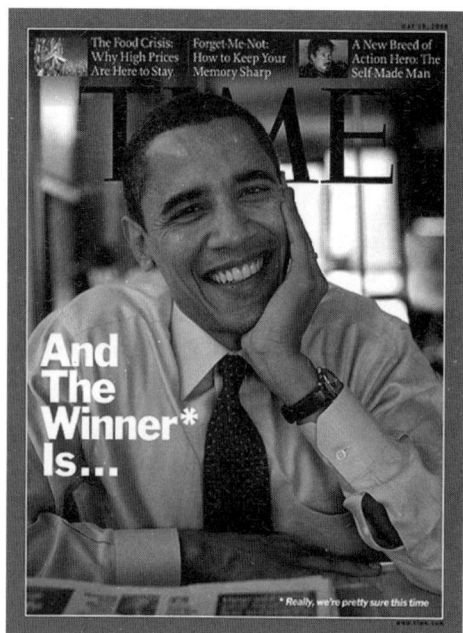

The Food Crisis: Why High Prices Are Here to Stay

Forget-Me-Not: How to Keep Your Memory Sharp

A New Breed of Action Hero: The Self-Made Man

TIME

And The Winner* Is...

* Really, we're pretty sure this time

WWW.TIME.COM

《时代》封面人物

2007年1月16日，奥巴马特意选在民权运动领袖"马丁·路德·金日"（1月15日）的第二天，在其个人网站上以视频的方式宣布自己计划参加2008年美国总统竞选。选择这样的日子可以暗示他对民权运动的关心和支持。

2007年2月10日，奥巴马在伊利诺伊州首府斯普林菲尔德正式宣布竞选2008年美国总统，他在演讲中说："在林肯呼吁结束分裂、团结一致的老议会前，美国人的希望和美国梦仍在继续，今天，我郑重宣布竞选美国总统。"奥巴马演讲的选址大有深意。10年前，他在这里当选伊利诺伊州参议员，从此开始职业政治生涯。更重要的是，这里曾是美国前总统亚伯拉罕·林肯的"地盘"。林肯曾在伊利诺伊州议会从政8年，并于1858年在那栋老建筑内发表著名演讲《分裂的房子》。这里也是林肯参加1860年总统选举的竞选总部。

奥巴马借用林肯的政治符号遗产，寓意是很明显的：一是为了博得黑人的好感，二是为了博得"草根阶层"的好感，三是为了博得一切反对种族歧视支持人类平等权利的人的好感。在演说中，奥巴马发出变革的呼声："我在学习华盛顿政治做派上投入时间不多，但我很早就意识到，华盛顿的做派必须变革。"借鉴肯尼迪总统当初的名言"火炬已经传给新的一代"，奥巴马在演说中也发出同样的呼喊："任何时期，都有新的一代涌现，完成需要他们承担的任务。今天，我们再次听到召唤，现在是我们这一代人作出回答的时候了。"

奥巴马在佛罗里达州受到黑人选民的热烈欢迎

　　从文化的角度来说，奥巴马竞选总统的一个让人意想不到的优势在于，过去几年来，美国的通俗文化已为他进军白宫铺设好了道路：黑人总统在屏幕上都是好总统，世界大劫难后，剩下的唯一人类是黑人，这些电视电影都受到美国人的欢迎。好莱坞影星、脱口秀明星发动的一场场通俗文化上的攻势，彻底征服了美国青少年和青年人，从而助长了2008年这股"奥巴马旋风"。这股旋风刮进成年人的世界，也就彻底动摇了希拉里和麦凯恩的政治根基。希拉里的失败在于没有刻意在文化层面上抵御奥巴马，同时又在政治上存在傲慢态度。美国青少年心目中的英雄，十之八九不是体育明星，就是歌星，或是影星，奥巴马有明星般的光环，使得他在年轻人中占有绝对的支持度,在年轻人心目中,具有明星般光彩的奥巴马才是他们心目中的英雄,至于"越战英雄"麦凯恩,显然是可敬而不可亲的。

这里有一个有趣的例子,在希拉里和奥巴马的初选竞争中,希拉里曾经推出了一个后来流传甚广的广告,广告的内容是,凌晨3时,正当一位小女孩在熟睡时,白宫的电话铃声响了,广告提醒民众,谁接凌晨3时的白宫电话关系到美国的安危,由于希拉里住过白宫八年,这个广告影射奥巴马毫无经验,显得既生动又令人印象深刻。可是,令希拉里意想不到的是,广告中使用的女孩熟睡的影像资料是多年前拍摄的,如今,那位"熟睡的小女孩"已长大成人了,不但可以投票,而且是奥巴马的"粉丝",她在希拉里的广告播出之后就走上电视大谈政治,还说要再拍一个力挺奥巴马的广告,以示反击。

"在座的各位都很少关心新经济的受害者"

2007年9月,奥巴马在纳斯达克市场对华尔街的投资者们说:"老实讲,我想我们得承认那些从新的全球市场中获利的人——包括在座的各位——都很少关心新经济的受害者。"当时,台下一片寂静。奥巴马继续说:"美国人是能听得进批评的,只要他们相信政府是真诚的。"在演讲的结尾,他提到教育:"我将在教育上加大投入。但是,如果那些做父母的不把电视机、游戏机给关了,花再多钱也没用!"台下响起雷动的欢呼声,兴奋的支持者将脚下的铝合金台阶跺得砰砰响。56岁的非裔朵莱斯·怀特也和女儿激动地站起身来鼓掌:"我相信他。他是个有心人,他有纯洁真诚的心灵。"怀特说:"我并不指望他当选总统后能改变一切。实事求是地讲,没有人能够改变一切。但我觉得,他会倾听,他会理解我的挣扎——希拉里所不能体会到的黑人妇女的挣扎。所以我相信他。"

华尔街目前玩的游戏只会导致贫富分化甚至社会断裂。欧美所发展出来的信贷消费只是临时性借来消费能力,而不是真正提供消费能力,更

奥巴马评传

Barack Obama

何况它还承载着为富裕阶层多余的钱赢取利润的压力。人类必须对目前的市场经济游戏规则进行根本的反省。

在2007年的达沃斯论坛上，微软董事长比尔·盖茨先生作了"他认为他最重要的一次演讲"，提出新资本主义的理念，要点正在于"注目礼"——他称之为"认可（recognition）"。盖茨说，在人类目前的市场经济游戏中，穷人被抛弃了，利润激励再怎么玩，穷人可能都难逃被抛弃的命运，而认可激励应该有助于总体的平衡。他举例说，"气候变化的成因和他们无关，可偏偏对他们的生活影响最大。"他认为，"我们需要一个新的制度体系来让自利的动力发挥作用"，需要启动另一个激励手段，就是"认可"。

盖茨思考的问题源自"经济学之父"亚当·斯密的说法，亚当·斯密除了写过《国富论》，也写过《道德情操论》，前者谈自利，后者谈利他。亚当·斯密认为这两者都是人类的本能，如果能平衡调动这两种人性，人类就应该能在追求自家的利润和获得他人的认可方面都取得成功，从而真正获

奥巴马参加国会救市方案投票

得快乐、幸福和满足。

沿着亚当·斯密的思考，比尔·盖茨认为，利润激励的背后是认可激励！盖茨先生引用了斯密《道德情操论》的话："利润真正能够激励我们吗？""这个世界上所有的辛苦和劳碌是为了什么呢？贪婪和野心，追求财富、权力和优越地位的目的又是什么呢？是为了提供生活上的必需品吗？那么，最低级劳动者的工资就可以提供它们。"真正的激励来自何处呢？斯密先生再一次直截了当地问道："遍及所有地位不同的人的那个竞争是什么原因引起的呢？按照我们所说的人生的伟大目标，即改善我们的条件而谋求的利益又是什么呢？引人注目、被人关心、得到同情、自满自得和博得赞许，都是我们根据这个目的所能谋求的利益。吸引我们的，是虚荣而不是舒适或快乐。"认可才是真正激励人心的！斯密先生写道："尽管这会产生一种约束力，使他随之失去自由，然而，人们认为，这使大人物变成众人羡慕的客观对象，并补偿了因追求这种地位而必定要经历的种种辛苦、焦虑和对各种欲望的克制；为了取得它，宁可永远失去一切闲暇、舒适和无忧无虑的保证。"

的确，在人的本性中蕴藏着两股巨大的力量，一是自利，一是关爱他人。旧式的资本主义只利用了人性中自利的力量，让它能持续不断地发挥有益的作用，但只是服务于那些有支付能力的人。而那些没钱买服务的人就只能靠政府援助和慈善。我们必须得找到一个办法让资本主义的这种为有钱人打工

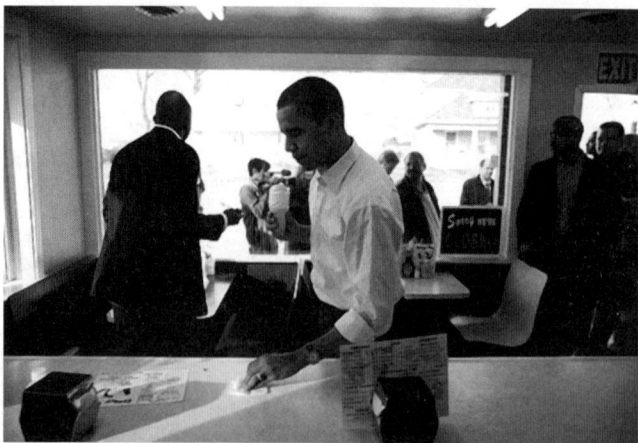

奥巴马在忙碌

的属性同样也能够帮扶穷人。

为了让制度可以有持续性,我们必须用利润来进行激励。而如果企业服务的对象非常贫困,那利润就不大可能产生,那这时我们就需要另一个激励手段,那就是认可。企业得到认可就意味着它的知名度提高了,知名度能吸引顾客,更为重要的是,它可以感召优秀的人才前来加盟。这种知名度能够让好的行为得到市场的嘉奖。当企业在市场上无法赢利的情况下,知名度可以是一种替代;而如果可以实现市场利润,则知名度又是额外的激励。因此利润和认可是可以互动的资源。

在那次演讲的结尾部分,比尔·盖茨激动地说:"我们处在一个非同寻常的时代。如果我们能够在21世纪的前几十年探索到满足贫困人口需要的方式,找到为企业带来利润和认可的办法,那么我们减少世界贫困的努力就可以一直持续下去。这个任务永远都不会结束。能投身这项事业,我内心激动不已。"

奥巴马也有类似于比尔·盖茨的心愿,上面提到的他在华尔街的演讲的主旨就是希望商界领袖们参与"建设一个更公正的国家",以实际行动"共同宣告一个互相负责的新时代"的到来。

有意思的是,华尔街精英们并不因为奥巴马对他们的批评而反对奥巴马,他们投资于奥巴马身上的资金几乎是其对手麦凯恩的两倍。无党派智库"响应政治中心"分析说:"无论谁赢得白宫,华尔街都会是他的朋友。"华尔街对奥巴马这样的慷慨,似乎与其利益至上的一贯立场背道而驰,因为奥巴马曾扬言要提高资本利得税,这可能会损害华尔街利益。但实际上华尔街关心谁会获胜更甚于金钱。一般来说,华尔街的这些人是专业的预言家,他们会把钱投入到他们认为会赢的人身上,而不是他们希望能赢的人。记录显示,捐献给奥巴马最多的四家机构是:高盛集团(571,330美元)、瑞士银行(364,806美元)、JP摩根大通(362,207美元)、花旗集团(358,054美元)。而麦凯恩则相形见绌,捐献金额最多的是美林证券(230,310美元),其次是花旗集团(219,551美元)。奥巴马的助手暗示他们不会对华尔街表示特别的感谢,奥巴马93%的捐款人金额都是低于200美元的。奥巴马的发言人说:"奥巴马参议员会告诉华尔街的CEO们,如果仅是他们获得繁荣而普通人生活在困境中,我们的经济仍然不会得到发展。"

"有人说这一天永远不会到来"

2007年,人们总认为奥巴马的肤色是个问题,但随着选举的开展,特别是在第一场预选所在地、白人人口占95%以上的艾奥瓦州,奥巴马一举取得开门红,这给奥巴马带来了信心,奥巴马捕捉到了一种超越种族狭隘的自豪感。奥巴马在白人家庭养大。所以他和"苦大仇深"、动不动就以种族歧视说事的传统黑人民权领袖形成了鲜明的对比,这是他受白人选民

奥巴马在参加竞选

拥戴的原因。在这之后的竞选演讲中,他多次提到,如果人们发现美国的第44届总统有个"好笑的名字",他们会改变对美国的看法,美国人也会对自己刮目相看。

2008年1月3日,艾奥瓦举行2008年总统选举全国第一次预选——政党党团选举会议。奥巴马出奇制胜。此前好几个月,奥巴马阵营在谈论"希望"时常常遭到反对派的挖苦甚至嘲弄,在艾奥瓦党团会议选举获胜之夜,奥巴马发表了激情澎湃的演讲,也乘势发泄了一下自己的情绪:

> 我衷心感谢艾奥瓦的公民们。
> 众所周知,有人说这一天永远不会到来。
> 有人说我们好高骛远。

有人说人民异见纷呈，悲观失望，不可能再为了一个共同的目标而众志成城。

但在这个一月的夜晚，在这个书写历史的时刻，你们做到了那些愤世嫉俗的人断言我们做不到的事。五天后新罕布什尔州的选民也将完成你们的壮举。在刚刚来到的2008年，美国人民也会完成同样的壮举。在学校和教堂，在小市镇和大城市，你们——民主党人、共和党人、无党派人士——熙熙攘攘地走到一起，自豪地宣称：我们是一个国家，我们是一个民族；变革的时刻已经到来。你们还说，华盛顿被冷酷、萎缩和愤怒所淹没，现在是超越这种政治手段、以联合代替分裂的时刻，是在"红州"和"蓝州"建立变革性的联盟的时刻。这是因为我们将以此在11月取胜，我们也将以此面对我们国家面临的挑战。

奥巴马向美利坚高声宣布变革就在眼前："政治说客自以为他们的财富和影响力比公众舆论的威力更大，但是他们并不拥有这个政府。政府是我们的，我们正在把它收回。"接着，奥巴马话锋急转，他高调宣布了自己会是怎样一位总统：

人民此刻需要这样一位总统：他能诚实面对机遇和挑战；即使跟人民见解不同也会倾听和了解他们的想法；他不仅要说人民愿意听到的话，更要提供人民需要知道的信息。如果新罕布什尔也给我今晚艾奥瓦给我的机会，我将会是这样一位总统。

我会是这样一位总统：让每个人都能看上病和看得起病。我在伊利诺伊州就通过民主党人和共和党人的携手合作实现了这一目标。

我会是这样一位总统：终止所有把工作转移到海外的公司的税收优惠政策，并给美国最值得享受减税的中产阶级减税。

我会是这样一位总统：让农场主、科学家和企业家发挥他们的创造力，使我们国家一劳永逸地摆脱石油巨头的主宰。

最后，我会是这样一位总统：我要结束伊拉克战争并让我们的士兵回家；我要恢复我们的道德权威地位；我知道"9·11"不是骗取选票的借口，而是使美国和世界联合起来应对 21 世纪世界面临的共同威胁：恐怖主义和核扩散，全球变暖和贫困，种族屠杀和疾病。

这次演讲再次展示了奥巴马典型的演讲风格：一种排山倒海的气势，很多时候，奥巴马都喜欢使用密集的排比句来煽动这种气势：

这一刻是勇往直前的人击败了华盛顿总是说战无不胜的人的时刻。

这一刻是我们拆除长久分裂我们的藩篱，让不同党派和不同年龄的人们为了一个共同的目的联合起来，并给那些从不过问政治的人们一个关心政治的理由的一刻。

这一刻是我们终于击退恐惧、疑虑和犬儒主义政治的一刻，是我们以携手前进的国家替代政客相互践踏的政治的一刻。这是我们期待的那一刻。

在场听到他演讲的和后来看到他的演讲稿的美国学者、官员和普通人先后提出奥巴马不仅仅是一个候选人，他是一场运动。

"奥巴马是我的候选人"

得力于"草根阶层"和年轻网民的鼎力相助，奥巴马一路闯进总统大选的"决赛"。2008年6月3日，奥巴马宣布在党内预选中获胜。他将代表民主党与来自共和党的麦凯恩竞选总统。

2008年8月25日，美国民主党全国大会召开，会期为时四天。大会正式通过巴拉克·奥巴马为民主党总统候选人，在希拉里已经表态"奥巴马是我的候选人"之后，身患绝症但是仍然坚持从医院里赶来的老牌参议员爱德华·肯尼迪坐着高尔夫球场用的电瓶车进场，他在讲话中力挺奥巴马，

支持奥巴马-拜登组合的选民

他一边攻击布什总统，一边信誓旦旦地保证奥巴马永远不会将美国青年送入一场错误的战争。肯尼迪总统在位时，大力支持黑人民权运动，所以至今在美国威信极高，肯尼迪家族也是美国目前最著名的政治家族。爱德华·肯尼迪的出场，可以看做是代表肯尼迪总统将肯尼迪举起的火炬传给奥巴马。

在大会结束前，奥巴马发表了接受总统候选提名的题为《美国的承诺》的演讲："怀着深深的感激与恭谦，我接受你们的提名，成为美国总统候选人。首先让我感谢伴随我走过初选那段征程的候选人们，特别是走得最远的那一位——为工薪阶层的美国人奋争，为你我的女儿们带来激励的候选人——希拉里·罗德姆·克林顿……"

奥巴马所指的美国的承诺，就是保证所有勤奋工作的美国人实现美国梦的承诺。奥巴马说："正是这个美国的承诺，让我们的国家与众不同——通过努力和牺牲，我们每个人都能够追求个人的梦想，但同时又组成美国这个大家庭。并且让我们的下一代也可以追求他们的梦想。这就是为什么今晚我会站在这里。因为在过去的232年间，每当这个美国的承诺遇到挑战之时，普普通通的男女——学生、战士、农民、教师、护士和勤杂工，都展现出他们的勇气来保卫它。"

奥巴马提醒美国公民，"美国的承诺"如今受到了新的挑战："我们正处在这样一个时刻——在这一时刻，我们的国家处于战争之中，美国经济一团乱麻，美国的承诺又一次遇到挑战。今夜，从未有这么多的美国人在忍受失业，他们工作更辛苦，挣的却更少。前所未有，如此多的家庭失去他们的住所，更多人则眼睁睁看着他们的房子贬值。有车却开不起，信用卡账单难以支付，孩子的学费高到无法承受。"奥巴马指出了问题的症结所在："不能说这些问题都是政府的责任。但不能有效地解决这些问题，却实实在在是华盛顿政府与乔治·W·布什政治与政策的失败。我们应当比这过去的八年过得更好。我们不该是个这样的国家。"

奥巴马接着向选民们作出自己的承诺："今晚，我对美国人民，对民主党、共和党和无党派人士，对我们这个伟大国家的所有人说，够了！这一时刻，这次大选是决定在21世纪，我们是否仍能信守美国承诺的机会。因为下周，那个带给你们两届乔治·布什和迪克·切尼的共和党，想要带给我们第三届同样的角色！今天，我们聚集在这里，是因为我们热爱这个国家，我们不愿意让过去的八年再重复上演四年。当11月4日到来时，我们必须站起来说，'八年，已经够了。'"

"我们承诺每个人都能自由地过上自己想要的生活，但是我们也有责任保护别人的尊严。"

"我们承诺市场将会鼓励勤奋和创新并持续增长，但是企业不能忽视了为美国人创造工作机会，保障工人权利和遵守规则。"

"我们承诺虽然政府不能解决所有的问题，但是可以为我们所有人谋求福利——保护我们不受伤害，让每个孩子都有接受教育的机会；保证我们喝上清洁的水，保证我们的玩具安全；投资建设新的学校，新的道路，支持科技的发展。我们的政府应该为我们所用，而不是与我们作对。政府应该帮助我们，而不是伤害我们。政府应该保证每个人的机会平等，不能袒护那些有权或有钱的人，而是保护每一个勤奋的美国人。"

奥巴马在发表演说

对于两党分歧较大的税收问题和预算问题，奥巴马说："税法不再有利于立法的政客，而是有利于美国所有的工人、中小企业家，这是他们应得的。我不像约翰·麦凯恩，我将停止对那些将工作机会拱手送人的大公司的减税政策，并将这些优惠给予那些在这里，在美国创造良好工作机会的公司。我将免除中小企业和初创企业的资本所得税，因为这些企业将是未来高薪、高技术工作岗位的来源。我将减税，为95%的工薪家庭减免税赋。因为在我们的经济体系中，不到万不得已不能对中产阶级加税。""我将计划好我要花出去的每一个硬币——堵死公司税务漏洞和取消那些对美国的增长毫无帮助的避税天堂。但是我也将逐字逐句地分析联邦预算，停止那些毫无建树的项目，将有限的资源投入到我们更需要的领域中去。我们不能用20世纪的官僚体系来应对21世纪的挑战。"

对于能源安全问题，奥巴马说："为了我们的安全、我们的经济和我们这个星球的未来，我将为我的总统任期定下一个明确的目标：10年之内，我们将摆脱对中东的石油依赖。过去30年，华盛顿一直在谈论我们对石油的依赖，而约翰·麦凯恩在那里呆了26年。当年，他反对更高的燃油效率标准，反对发展可再生能源，反对开发可再生燃料。现在，我们进口的石油是麦凯恩就任参议员时的三倍之多。现在，是时候结束对石油的依赖了，并且我们要明白钻更多的油井不过是权宜之计，远非一劳永逸。作为总统，我将鼓励使用天然气，投资研究洁净燃煤技术，发展安全、可控的核能。我将帮助我们的汽车企业改良技术，为美国生产燃油效率更高的机动车，并且让美国人能买得起这些车。未来十年，我将在廉价的可再生能源领域投资1500亿美元——风能、太阳能和新型生物燃料；这些投资将创造新的产业并提供500万个新的、不可外包的高薪工作机会。"

关于教育问题，奥巴马说："现在，我们需要担起责任，为每个孩子提供世界一流的教育，因为这与全球经济的竞争同样重要。米歇尔和我今晚之所以能站在这里，正是因为我们受到了教育。只要还有孩子不能得到教育，我就不会停止脚步。我还将发展儿童早期教育。我会招募大量的新教师，给他们高薪，给他们更多的支持，同时也要求他们提供更高标准的教育。我们将坚守对每个年轻人的承诺——只要你为社会、为国家作出贡献，我们将保证你交得起学费。"

关于医保和社保问题，奥巴马说："我们要实现为每个美国人提供可以负担得起的医疗保障制度的承诺。如果你有医疗保险，我的计划将减少你的支出。如果你没有，你可以享受与国会议员同样的医疗保险。我曾亲眼看我的母亲身患癌症，卧床不起的时候与保险公司争论医疗保险的金额，我将确保这些公司不再歧视那些最需要保险的病人。我们将为每个美国人提供享受带薪病假和事假的机会，因为在美国，任何人都不必在留住工作和照顾生病的孩子或父母之间作出选择。我们将改善破产法案，优先保证你的退休金而不是CEO的红利；我们还将为下一代提供更好的社会保障制度。

关于结束伊拉克战争和美国的安全问题，奥巴马说："你无法通过占领伊拉克，摧毁一支活动于80个国家的恐怖组织。你无法单凭在华盛顿发表的激烈言辞来保护以色列、扼制伊朗。你无法真正地维护格鲁吉亚的利益，在拖垮了我们历时最久的同盟者之后。如果约翰·麦凯恩想用更激烈的言辞和糟糕的策略来追随乔治·布什，那是他自己的选择——但随之而来的改变，不是我们所需要的。我们和罗斯福同宗同源。我们和肯尼迪同宗同源。所以，别说民主党无法捍卫这个国家。别说民主党无法确保我们的安全。'布什-麦凯恩'式的外交政策已将世代美国人（民主党和共和党

2008 年 10 月 19 日，奥巴马在北卡州拉选票

的美国）积累的遗产挥霍掉了，而我们，正是为重建遗产而来。作为总指挥，我将义无反顾地捍卫这个国家，但是，我只会出于一个明确的使命而让我们的军队经受战争之苦，同时，我会履行神圣的义务：他们作战时，为他们配备必需的物资；他们战后返家时，为他们提供应有的关心和利益。出于责任，我将停止在伊拉克的战争，并击溃阿富汗基地组织和塔利班组织。我将重建军事，为未来的战争做好准备。但是，那种能够阻止伊朗拥有核武器、扼制俄罗斯的强硬而直接的外交策略，我将对其进行革新。我将建立新的伙伴关系，以挫败21世纪的威胁：恐怖主义与核扩散，贫困与种族灭绝，气候改变与疾病。我还要恢复我们的道义立场，使美国再次成为向往自由、渴望和平、渴望美好未来的人们最后以及最好的圆梦之地。"

最后，奥巴马提醒美国公民重振由来已久的"美国精神"来拯救国家："我们国家拥有世界上最多的财富，然而，让我们富裕的，并非财富；我们拥有世界上最强有力的军事，然而，让我们强大的，并非军事；我们的大学和文化,受到全世界的羡慕,然而,也并非它们促使世界各国的人们登陆美国。相反,是美国精神——美国的承诺——促使我们前行,即便前路坎坷;它将我们联系到一起,对我们一视同仁。"

奥巴马的演讲,体现了非常鲜明的民主党特色:保护社会公平,给穷人提供更多成功的机会。奥巴马在演讲中提到了肯尼迪总统,肯尼迪因为在位时大力推动美国的民权事业而深受美国人喜爱。在波士顿郊外的肯尼迪总统图书馆,有一张肯尼迪夫妻在弗吉尼亚州矿区拉票的照片。那是20世纪六十年代初,盛装的肯尼迪夫妇,就像是18世纪的欧洲贵族视察属地,坐在穿工装裤的煤矿工人中间。肯尼迪总统后来说,这是他第一次亲眼见到触目惊心的贫穷。这位美国历史上最有威望的总统之一本是富家子,他富有同情心,曾大力推动民权事业,因而也可以当之无愧地被称为"穷人的代理人"。奥巴马被誉为美国新时代的肯尼迪,连肯尼迪在世的妹妹都说奥巴马有其兄长的风范,而奥巴马又出身平民家庭,他应该比肯尼迪总统更具有平民情怀,更有希望成为一名通过建设一个更加公平的社会为美国下层人民谋福利的真的"穷人的代理人"。

网民的胜利

美国的选举是"市场民主"的金钱游戏,没有钱是无法竞选的。奥巴马2008年2月份一个月筹到5500万美元,打破美国纪录,其中4500万美元来自网络, 而奥巴马本人甚至一次也没出席过募捐会议,钱就这样滚滚而来,不可阻挡。有网民在网上发帖子说:"原来在奥巴马的背后有一条'长尾',他建立了一个美国政界见所未见的筹款机制,同时吸引了'大户'和'散户'、想给钱的人和想筹钱的人、经验丰富的老手和首次关注大选的新鲜人,还有任何能上网的人。"

奥巴马阵营每个月都在增长的筹款数额体现了网络的巨大影响力:2500万美元,3000万美元,3500万美元,到了2月份,达到了令人吃惊的

奥巴马在北卡州对选民发表演说，受到年轻选民的热烈追捧

5500万美元，几乎每天筹到200万美元。2008年2月，在奥巴马阵营的一份报告中，统计数据显示捐给奥巴马的捐款有94%是由200美元或更少的捐赠构成，希拉里这一比例为26%，麦凯恩为13%。整个3月份，有1276000人为奥巴马捐款，这数字大到让希拉里已经没有信心与之竞争。从某种意义上说，奥巴马的胜利是互联网的胜利。一种全新的信息体系带来的变革胜利。

6月19日，奥巴马公开拒绝了麦凯恩的提议，正式拒绝公款选举。他说，公款选举已经是一个被破坏了的系统，"麦凯恩正在成为这个受损游戏的大玩家"。如果奥巴马最终在总统大选中获胜，那么将标志着分散在互联网上的网民可以通过互联网这一平台打败出钱做针对奥巴马的负面广告而暗中帮助麦凯恩的大财团和大老板，实现一场"网民的胜利"。

　　2008年7月，奥巴马出访以色列，在会晤了以色列和巴勒斯坦自治政府的官员后，奥巴马于一个早晨戴着卡巴头饰到访耶路撒冷著名的哭墙，在哭墙的石缝中塞入写着祷文的纸条，之后垂下头祷告。纸条稍后被一名学生拿走，内容刊登于当地的晚报上。奥巴马的祷文并没有祈求在总统大选中胜出，只透露希望得到上帝的指导："上主，保佑我和家人，赦免我的罪恶，帮助我抵御傲慢和绝望。赐我智慧，好让我做事公平正确。并让我成为旨意的器具。"

2

The Soul of Obama

奥巴马的灵魂深处

"黑人也是上帝按照自己的模样创造的"

"大无畏的希望——重申美国梦"

"爱国不必整天挂在嘴上"

"他比白人还白"

一、"黑人也是上帝按照自己的模样创造的"

- "他长得不像印在美钞上的任何一位总统"
- "上帝诅咒美国"
- "美国,你何时才变成天使的模样?"
- "奥巴马不会特别偏向于哪个种族"
- "布莱德利效应"

"他长得不像印在美钞上的任何一位总统"

2008年7月29日,美国国会众议院用口头投票方式通过一项非约束性决议案,向那些曾因奴隶制和《吉姆·克罗法》遭受苦难的非洲裔美国黑人和他们的后代道歉。美国已有5个州对过去实行的奴隶制道歉,而这一次是美国联邦政府和国会机构首次就奴隶制正式道歉。但这次通过的道歉议案没有涉及赔偿问题。

无论是道歉还是赔偿,都无法抹去美国黑人从祖先的血脉中继承下来的历史记忆。不管美国的有识之士怎么努力,美国白人也难以在一夜之间洗刷他们血脉中对黑人的歧视和恐惧。

即使在奥巴马已经赢得民主党提名的时候,很多美国选民对他仍然充满误解,在《新闻周刊》的一次调查活动中,有12%的投票者误以为他是个穆斯林;超过1/4的投票者则认为他被一个穆斯林家庭抚养大。很多人认为奥巴马的洗礼也存在一些问题,当时为他施洗的"三一教会"高级牧师赖特曾连续数周在传道的

奥巴马站立在国旗前

时候说出"天谴美国"的话，他们据此认为奥巴马对美国的忠诚度也值得怀疑。

2008年9月23日，美国俄勒冈州一间小规模基督教大学的校园内，发现一个奥巴马假人被吊在树上。校方发言人费尔藤说，假人是用硬卡纸制成，大小和真人差不多，用一条钓鱼丝系住颈部，再吊上树。用绳子系颈部这种手法，带有浓厚的种族歧视色彩，令人联想起多年前美国南部地区的白人滥用私刑杀害黑人的历史。这一行动的目标显然是攻击黑人总统候选人奥巴马。此前，奥巴马寓所外有枪客被捕，新泽西州一个小镇的居民收到反奥巴马的宣传单。愈是接近11月的大选投票日,此类带有种族歧视色彩的事件也越来越多。

就连麦凯恩阵营也恐吓选民,说奥巴马"长得不像印在美钞上的任何一位总统"。奥巴马的竞选经理戴维·普洛夫反击说:"麦凯恩在耍老一套的下流政治手腕,意图把选民注意力从选战实质议题上引开。"奥巴马阵营还新开一家网站,指责麦凯恩阵营搞负面攻击。

"上帝诅咒美国"

一个黑人来竞选总统,总躲不开种族问题,随着大选投票日期的逐渐来临,奥巴马的肤色问题可能会在美国社会重新撕开一个大口子,而为了弥合它,自林肯以来前后大约有29位总统作出了努力,这才使奥巴马如今可以如此近地接近美国权力的核心。

在美国社会或多或少仍然存在种族歧视,因此有人认为,黑人竞选人奥巴马最多是陪练的角色,能竞选提名人已经算闹得够大的了,要想真的代表民主党竞选总统那是完全没戏的。可是,这种腔调并没有影响奥巴马击败党内竞选对手希拉里,事实胜于雄辩,那些戴着有色眼镜的人不得不大跌眼镜了。种族主义者过去所说的黑人愚蠢、自私、缺德、没有领导能力之类的陈词滥调只不过是话语霸权留下来的烙印。

但是种族问题对奥巴马来说仍然是个极其危险的鸿沟,2008年3月13日,美国广播电视新闻网曝光了一段奥巴马的黑人牧师杰里米?赖特的布道录像选集。根据录像显示的信息,赖特曾在布道时发表极端仇视白人的言论。赖特与奥巴马有20年的交往,赖特曾为奥巴马主持过婚礼,被奥巴马尊为"精神导师"。

美国媒体上反复播放的录像显示,在"9·11"事件后的首次周日布道会(2001年9月16日)上,赖特宣称美国遭受"9·11"恐怖袭击是罪有应得,因为美国用原子弹轰炸了日本的广岛和长崎,杀死几十万人,是"9·11"事件带来的伤亡人数的几十倍;美国还支持国家恐怖主义,所以"9·11"也是罪有应得。在2003年4月3日的布道会上，赖特再一次声称：美国在"9·11"中死了3千人不算什么，因为原子弹一天就炸死了7万人。"9·11"是美国人心中永远的痛，痛定思痛、谴责政府外交政策的人当然也有不少，但是那绝不等同于宣称"9·11"是美国自找的，因为如果那样说的话，又将如何面对在"9·11"恐怖袭击中死去的无辜美国平民？赖特在2003年的一次布道中还宣称："政府给他们（黑人）毒品，扩建监狱，通过法律重罚惯犯，然后希望我们（黑人）颂唱'上帝保佑美国'。不！不！不！上帝诅咒美国（God damn America）！圣经里就是这样诅咒那些杀戮无辜百姓的人。"赖特还故意把"America"（美国）说成"AmeriKKKa"，意寓美国受"三K"党控制，就完全是肆意践踏美国的国家形象了。上述言论被媒体曝光后，赖特顿时成为

2008年9月11日下午，美国共和党总统候选人麦凯恩和民主党总统候选人奥巴马同时出现在纽约世界贸易中心遗址参加"9·11"恐怖袭击事件7周年纪念活动

阻碍奥巴马角逐总统的"绊脚石"。

布道录像一事一时闹得奥巴马非常被动，人们不仅产生疑问，难道多年以来奥巴马就是跟这样一个黑人牧师在一起？第二天，奥巴马在接受采访时说，自己在芝加哥"三一基督教会"听赖特布道时，从未听到过类似言论。奥巴马说，他加入这个教会已20年，倘若听过这类言论，他早已退出。"我绝对无条件谴责任何诋毁我们伟大祖国或意图分裂我们大家庭的言论……同时我相信，那些攻击个人的话没有市场，不管它们出自竞选活动还是布道坛上。总之，我彻底反对赖特牧师相关言论。"

奥巴马低调回应后，民调连续两天下滑，在《新闻周刊》的调查中，几乎半数受访者认为奥巴马至少认同赖特的部分观点；接近三分之一的人则表示因为赖特的举动，他们可能不给推定的民主党候选人投票。奥巴马惊觉不能再闪躲，于是勇敢面对。他决定把大家一直回避的敏感议题，直接摊开来说明白。

2008年3月18日，奥巴马选择在美国宪法诞生地费城发表了一篇具有历史性意义的演讲，奥巴马说，美国的种族问题很复杂，"赖特牧师那一代人对他们当初所遭受的侮辱、怀疑和恐惧依然记忆犹新，他们的愤怒和苦涩也就如影随形"，"如果我们现在选择逃避，我们只是后退到各自的角落，我们将永远无法一起面对挑战，解决问题"。他指出，黑人的愤怒是过去种族隔离政策的产品，50年前，歧视黑人被合法化，到现在黑人与白人之间还是贫富悬殊，因此，"愤怒是真实的，是强有力的，要凭主观愿望使之消失，及对其作出谴责但不了解其根源，只会令不同种族之间的误解造成的裂痕扩大"。奥巴马强调，赖特称美国特有的"白人至上"的种族主义观点是扭曲的说法，尽管这种说法不足取，但美国如果继续粉饰太平，假装种族歧视问题已经不存在的话，国家也犯了和赖特一样的错误。

奥巴马表示，自己不同意赖特牧师关于种族主义的一些言论，不是因为赖特牧师抨击种族主义，而是因为赖特牧师的观点忽视了美国历史的进步，并且会造成美国人民中间的分裂，不利于团结、合一。

奥巴马说他能够理解在美国的黑人当中仍然有历史遗留下来的"黑

色愤怒"和怨恨，但美国人也应该看到历史的进步，应该向前看而不是让历史成为永远的包袱。他说："我们已经在种族僵局中挣扎了很多年。但我要宣称一种强烈的信念，一直深深植根于对上帝的敬虔以及对美国人民的真诚的信念——我们应该携手并进，我们可能疗治昔日的种族创伤……如果不是从心里相信这是大多数美国人民所愿意见到的未来，我不会出来参选。我们的联合也许永远不会完美，但一代又一代的人已经向我们表明，她能够不断得到完善。"

奥巴马的演讲并不仅仅是回应赖特牧师的事情，他更想借此机会解剖自己对美国种族问题的看法——尽管他的竞选一直避免打"种族牌"，但出了这样的事情让他不得不面对种族问题。奥巴马将赖特牧师的言论置于200多年的美国史中，既赋予其以历史合法性，又指出其与现实不符。这样一描绘，赖特牧师就从一个人人喊打的恶人变成了一个有血有肉的人。

奥巴马是在发表这篇演说的当天凌晨3时写完演说稿的。一些评论家赞赏道，这是美国历代重要政客有关奴隶制往事的讲话中，"最个人化兼讨论最广泛"的一篇，更有人把它与肯尼迪总统在1960年发表、以个人的天主教背景作引线的演说相提并论。肯尼迪的那篇旨在跨越宗教鸿沟的演说至今仍叫美国人津津乐道。还有人认为，这篇出色的演讲可进入美国历史上那些最危急时刻的伟大演讲之列。美国《时代》周刊形容奥巴马的这次演说令人难忘，堪比美国前总统林肯和已故著名民权运动人士马丁·路德·金的经典演说。演说结束后，奥巴马看到同为非洲裔的妻子在后台哭泣。两人经历了安静而动情的一刻。尽管一些保守人士对奥巴马的讲话仍然不以为然，大多数的美国人似乎都比较欣赏、认同他的立场和表态。美国媒体对奥巴马的讲话多有正面的评价。一些评论家认为奥巴马此番讲话给人以非常成熟的印象，表现出一种真正的大将风度。

"美国,你何时才变成天使的模样?"

其实对赖特牧师的言论应该一分为二地看待。历史学家罗杰·威肯斯曾经说:"黑人在(美国)这片土地上有了375年的历史,其中245年受到奴役,100年受到歧视,他们总共只不过享受了30年的新生活。"甚至鼓吹"天赋人权"的美国宪法起草者同时也身为奴隶主。对他们来说,来自非洲的黑人不被视为国民而被视为私有财产。这是美国宪法史上最大的矛盾之一。直至1868年宪法的第14修正案在国会通过,才真正实现了所有公民在法律面前的平等。在这样的社会环境中,美国的很多黑人教会的牧师的布道风格都是"先知型"的,他们比较有激情,有一些类似"灵恩派"的又喊又叫的做法,这种讲道风格秉承了旧约先知不畏世俗权势、为社会不公大声疾呼、直面抨击的传统。所以即使是批评美国当今的政府,其主旨也并非是"不爱国",更不是"煽动仇恨"。有些美国的华人教会也有一些类似"美国因为背离上帝遭到报应"的言论。黑人牧师和信徒谈到种族主义时确实容易情绪化。如果想想那些黑人教会的牧师和信徒每天都会接触到那些贫苦的黑人、听到他们的哀诉,这一点也就很容易理解了。

攻击赖特牧师的人大概忘了美国著名诗人、"垮掉的一代"的代表人物阿伦·金斯堡1956年发表的长诗《美国》。那里面充斥对美国的控诉和辱骂,诸如"拿原子弹操你自己吧"、"我心情不好,你别来烦我"等等,但没人说他不爱国,而每部美国文学选本都会恭敬地将这首诗列入经典。爱国并不等于逢人便喊"美国,我为你自豪",那是肤浅的。对美国最不客气的那些美国人,或许才最关心美国的命运。所以金斯堡又沉吟道:"美国,你何时才变成天使的模样?"赖特牧师的年轻时代恰好是金斯堡写下这些火辣句子的时代。那时,美国兵在越南杀戮平民,在芝加哥向要求平等的黑人开枪。几十年过去了,在赖特看来,美国并没有变成天使,美国兵照样在伊拉克杀戮平民,而已获得法律平等的美国黑人总感到一种无形的社会性歧视的存在,所以他说出了一些诅咒美国和白人的话。但美国不会重新回到麦卡锡时代，仿佛任何一个敢于说美国坏话的美国人以及与他有关系的人，都是潜伏在美国的别有用心的坏人。

2008年5月30日，奥巴马在一次选举活动后的新闻发布会上透露，他已经寄信给他原来的教会告知自己要退出教会。之所以突然作出这样的决定，是因为这个教会的一名客座牧师上周以种族主义言词嘲笑奥巴马的同党竞争对手希拉里引发了轩然大波。5月25日，天主教白人神父米切尔·弗莱格在芝加哥"三一联合教会"内布道时，多次挖苦希拉里，尤其是嘲笑她于2008年1月新罕布什尔州举行初选之前，在记者摄影机前流泪，博取选民支持。弗莱格对会众说："当希拉里在哭时，我真的不相信那是真的。我真的相信，她当时脑中正在想：这总统宝座是属于我的，我是比尔的妻子。我是白人，这是属于我的。噢，该死的！你来自什么地方？我是白人，我是获授权的。这个黑人夺走了我这场'秀'。"接着，弗莱格模仿希拉里哭的模样，又说："美国一直强奸有色人种，而美国要为此付出代价。"这件事很快引起轩然大波，针对自己失言惹起的麻烦，弗莱格公开道歉。奥巴马也发表声明，称对弗莱格的讲话感到"失望之极"，鉴于自己所属的教会一再惹起风波，奥巴马决定退出这家教会。奥巴马终于和自己的前任牧师"割袍断义"，以免这个问题会继续成为未来麦凯恩利用的把柄。奥巴马和自己的教会了断因缘的时机如此绝妙，即使是精心策划、故意表演的双簧戏也莫过如此，因此，不能排除其中有人为推动的因素。

有人对奥巴马和自己的前任牧师"割袍断义"的决断很是不以为然："我不喜欢奥巴马仅一个原因，居然为了竞选，可以抛弃自己几十年的信仰。这种人，还有什么做不出来？"这些人继续指责道："奥巴马在长达20年的时间里一直奉一位名叫赖特的黑人牧师为精神导师，不久前却与他断绝了关系，理由是这位曾经的精神导师发表了种族歧视言论。可是，这位精神导师几乎是二十年如一日地发表类似言论，那时你奥巴马到哪去了？人们显然有理由怀疑当初奥巴马没准内心深处是认可其精神导师的种族言论的，只是现在为了竞选，不得不以断绝关系的方式来作秀。

但是，还是有一部分美国人没有抛弃奥巴马，他们能够理解美国的历

史,并能够理解黑人的愤怒,他们并不想仅仅因为一名黑人牧师的言论而断绝奥巴马的前程。看看下面这位年轻的黑人女孩的故事,我们就能更好地理解美国的黑人,同时也能更好地理解美国的白人为什么没有放弃奥巴马。

美国《波士顿环球报》曾刊登这么一篇文章,作者是一位年轻的非裔女性,她住在波士顿北郊一个比较富裕的镇上。这位非裔女性童年最讨厌的游戏就是"duck duck goose(鸭子鸭子鹅)"。这个游戏与中国孩子玩的丢手绢极其类似,不同之处是,美国的这个游戏其规则要求一个孩子绕着坐成一圈的小朋友走,一只手不停地触摸各个孩子头顶,同时嘴里念念有词的"duck duck"不停地叫;突然,这个绕圈的孩子会将手放在某个孩子头顶,同时说一声"goose",这相当于在玩丢手帕游戏的中国孩子把手绢扔在这个孩子手上。

作者说,她小时候是班上唯一的黑人,每次玩这个游戏时,白人孩子从来不触摸她的头顶,而仅仅是虚晃一招从她头顶轻轻掠过,而且,从来没有人在她身后说"goose",结果每个孩子都轮了很多次之后,她还是呆坐在原地。

她四五岁的时候,曾问别的小朋友,"为什么你们总是不碰我的头发?"小朋友们说:"你的头发摸起来太糙了,不像我们的头发柔软光滑。"这也许是事实,黑人的头发通常比较粗硬,白人的头发则普遍细软柔滑。但是尽管有如此貌似合理的解释,这位黑人女孩幼小的心灵仍然不可避免地刻下了深深的伤痕。

这位非裔女作者最后说,小时候,我因为头发不同就被孤立,后来的成长过程中,更是无数次因为肤色而被孤立出去。这让她如何坦然甘心地去深爱一个由白人占据绝对主流地位的国家呢?作为黑人,寄居在白人首先"发现"并占有的地方,他们无非就是一个过客而已。祖先饱受欺压凌辱的历史记忆和自己饱受歧视隔绝的现实遭遇结合在一起,作为一名黑人,说自己对美国、对白人不愤怒,恐怕是不诚实的。

总之, 黑人牧师和白人神父的言论没有挫伤奥巴马对于希拉里的领先势头，奥巴马最终还是保持了初选形势的大方向不变，以明显的优势击败希拉里，成为民主党的总统竞选提名人。

"奥巴马不会特别偏向于哪个种族"

奥巴马当选后将怎样做总统是世人最为关心的，首位少数族裔总统将如何领导美国？竞选是竞选，执政是执政。那些在竞选期间喊出的口号可以完全当真吗？

首先可以肯定的是，奥巴马不会特别偏袒哪个特定的族群。奥巴马击败拥有超过35年从政经验的对手希拉里，获得民主党总统候选人提名后，非洲有不少人为此欣喜若狂，他们期盼这位黑人兄弟入主白宫后，能为非洲带来一些好处。此前，在乌干达，就有城镇把街名改为奥巴马大道；在尼日利亚，军人甚至为美国民主党总统提名而停火。乌干达的一位专栏作家却注意到，赢得初选后，奥巴马的第一篇胜利演说，对象是支持以色列的政治说客，而非美国黑人。这位作家指出，那些满以为奥巴马会为黑人或非洲带来好处的人，应该睁开眼睛看清楚，没准他们会失望。另一位肯尼亚作家更坦言："奥巴马只有可能改变美国总统当选人的'肤色'与'种族'。"言下之意是，非洲人和黑人不必对奥巴马当选美国总统寄予太多希望。2006年，奥巴马曾第二次回到肯尼亚寻根问祖，家乡人待他如摇滚巨星，只是除了寻根，非洲于他没有什么特别的利害关系。

奥巴马的父亲是非裔，母亲是白人，他的参选再次唤起人们对多种族美国人的注意、好奇及有关讨论，奥巴马的崛起强烈地提醒世人，美国已经不再仅仅是美国白人的美国，美国正在从一个"白人国家"向新的形态转变，现在就应该开始将美国看做是一个彻底的多种族国家了。

近年来，美国人口多元化的趋势日渐明显，含多种族血统美国人的数量正以远超过白人的速度在增加。美国现在异族通婚日益普遍，自报含两种或更多种族血统的人到2007年7月为止达到490万，比上一年增加3%，增长速度为白人人口同期增长率（0.3%）的10倍。另外，有数字显示，到

奥巴马在佛州竞选造势

2020年，美国15%的人口都将是在国外出生的，这一比例将达到19世纪晚期移民潮顶峰以来的最高点。预计到2050年，白人将在美国成为少数种族，届时，美国将真正成为一个种族融合的大熔炉。

作为这样一个新美国的CEO，奥巴马必须平衡各种族之间的利益诉求，而不会特别照顾某个特殊种族的利益。因为各种肤色和信仰的人杂处一方没准也是个政治意义上的新巴尔干——种族冲突的火药桶。一旦某个特殊族群觉得受到严重的不公平待遇，就有可能引起种族冲突的极大风险。最近发生的一件事让人感到美国种族冲突的风险在加大。2008年5月9日，加利福尼亚州洛杉矶一所公立中学的学生发生集体斗殴事件，大约600名非洲裔学生和拉美裔学生在这所中学混战一场，造成多人受伤，迫使学校一度关闭。当时学生们刚吃完午饭，人们突然看到"孩子们疯了，到处乱跑，扑向其他孩子"，"他们打完一个地方，冲到另一个地方继续打"，这所中学有2600名学生，其中65%为拉美裔，35%为非洲裔。在美国今后的族群冲突中，非洲裔和拉美裔之间的矛盾将尤其引人注目。如果同化移民的努力归于失败，美国便会成为一个分裂的国家，并存在内部冲突和由此造成分裂的潜在可能。

混血儿的奥巴马的当选可以适时地让美国的不同族群看到新的希望，从而把恐惧和担忧转化为勤奋工作、勇于创造的动力。而前面我们也曾提到，奥巴马在处理不同族群融入美国社会的问题上信奉"撞击一体化理论"，因此奥巴马的施政方针将不会特别偏袒哪个特定的种族，也许奥巴马给予黑人的优惠政策还不会超过克林顿当政的时期。

很多中国人担心奥巴马当选对华人不利，很多在美华人还对克林顿时期华人处境的改善记忆犹新，所以他们支持希拉里，但是，华人没有理由假设奥巴马对待华人的态度不如希拉里，在中国四川发生8级大地震后，首先向中国地震的死伤者表示哀悼并呼吁国际社会援助中国的美国总统参选人就是奥巴马。5月12日，奥巴马就中国发生的地震发表如下声明："米歇儿和我对中国中部地区的地震所导致的巨大人员损失深感难过。我们挂念遇难者及其家人，尤其是那些遭受了失去孩子的可怕打击的人们，我们为他们祈祷。我相信中国人民将以特有的决心应对灾害，向那些正在受难的人们提供救济，并帮助受影响地区恢复。我主张美国人民及国际社会尽其所能帮助中国应对这一灾难。"当然有人会认为奥巴马的这一声明也是一种拉选票的姿态，但是这比连一个正式慰问和声援的声明也不愿发表，甚至公开声明"中国的崛起将是美国下一任总统面临的核心挑战"的共和党人麦凯恩不是更得体一些吗？关于四川大地震这种特别重大的自然灾害，麦凯恩只是在一次演讲中谈到中国时提到："目前，这个国家正在对抗一次灾难性地震灾害，数以万计的公民丧生，其中包括无数的儿童和学生。美国政府已经表示愿意提供任何可能形式的帮助，而我们也真诚地希望，在四川省人民受难之际，救援队伍能够挽救更多的生命。"

"布莱德利效应"

因为奥巴马具有一半黑人血统，出于"政治"正确的关系，有些中立选民在民调时不愿意说不选奥巴马，但正式投票时可能不会把票投给奥巴马。在美国选民中存在这么一种心态：一些选民可能不愿投票给非洲裔总统候选人，但却对民调机构说谎。这一现象称为"布莱德利效应"，它源于一名黑人州长候选人的败选经

白人选民中有一小部分人可能会隐瞒他们对待种族问题的立场

历。

1980年代,洛杉矶黑人市长汤姆·布莱德利(Tom Bradley)曾两度参选加利福尼亚州州长,虽然布莱德利在民调中领先共和党的白人对手,却都在后来的投票中败北。有人把这一隐性歧视黑人候选人的现象称为"布莱德利效应"。

在美国,老成持重的共和党的支持者很多都不喜欢高调表态,民调时如果出现两党候选人差距不大的情况,实际上对民主党候选人是很不吉祥的信号。一位竞选专家说,由于这一效应,奥巴马的实际支持率可能要比一般的民意测验低4个至6个百分点。

二、"大无畏的希望——重申美国梦"

- ■ "大无畏的希望"
- ■ "目前一个最最单纯的美国梦都变得难以实现了"
- ■ "真正的美国之谜：重新出发"
- ■ "奥巴马的成功得益于美国政治文化中两个根深蒂固的传统"
- ■ "奥巴马没什么真材实料或经验能成为总统"
- ■ "直到最后一分钟克林顿夫妇才送来讲稿"
- ■ "奥巴马的当选能让世人认识到美国的多样性和巨大潜能"

"大无畏的希望"

2006年，奥巴马出版了阐述自己政治观点的著作《大无畏的希望：重申美国梦》，他在书中重申了快要被遗忘的工人阶级的美国梦，鼓舞美国人民重新拾起属于美国的共同理想和信念，重新点燃对国家和个人前途的"大无畏的希望"。奥巴马在这本书中表示，在美国精神的深处，存在着一些共同的理想和信念，不管是在繁荣时还是在逆境时，它们

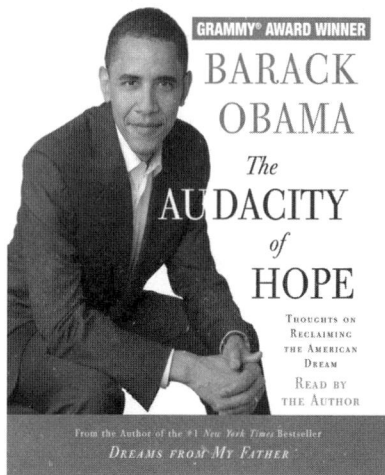

《大无畏的希望》原版封面

始终让美国人都能保持一种集体良心而不失望；美国人心中还存在着一些共同的价值理念，让不同肤色、不同信仰、不同阶层、不同党派的美国人能够一起生活，共同努力；美国人同样分享共同的美好希望，使这块"新大陆"上进行的这场"人类最伟大的民主试验"能得以成功地运行着。这些共同的理想、共同的价值理念和共同的希望不仅表现在纪念碑、纪念雕塑上，更表现在广大美国民众心中。奥巴马接着指出，遗憾的是，这几十年来美国的这些共同的理想、价值理念和希望正在不断地萎缩，美国开始日益走上分化——信念和观念上的两极分化，不同党派之间长期进行着激烈的争斗，使得他们不再互相信任，不再听对方的解释，不再有任何共同语言！奥巴马说，他从政以后，经常听到这样的问题："你那么好的一个人，干吗想要去从事像政治这样肮脏、卑鄙的事情？"奥巴马认为，造成民众对政治的这种不信任的根源，正是长期以来政客们的欺骗作风——他们往往上台前说得天花乱坠，上台后却实现不了或根本不实现自己的政治承诺，从而导致民众陷入悲观失望。对于这个问题，奥巴马是这样回答的："我理解你们的不信任，但我要指出的是，从这个国家创建以来，一直到1960年代的民权运动，一直存在着另一种政治传统——那是一种能让我们相互信任、共同努力的传统，那是一种使得我们凝聚在一起的力量。它要远胜于驱使我们分化的力量的传统——只要有足够的人相信这一点并积极行动起来，我们就能有所作为，改变当前的政治困境。"

奥巴马呼吁，要改变当前的政治困境，就需要改变现在的政治作风，奉行新的诚实、坦率的政治作风，一种基于上述共同理想、共同价值理念和共同希望的新政治风气，这样，美国已经形成的分裂才能逐渐弥合，重新实现团结。敢于重申这样的美国梦，美国才有希望，这就是奥巴马心目中的大无畏的希望。

如前所述，"大无畏的希望"一词取自奥巴马的"前任"牧师的赖特一次同名布道，奥巴马在此次布道中被感动流泪。在这次布道中，赖特牧师描绘了英国维多利亚时代的画家乔治·弗雷德里克·瓦兹（George Frederic Watts）的名画《希望》，并以对这幅油画的阐释来传播自己关于

"如何才能坚强"的信仰："我们以为自己在这个世界的顶层就如在天堂。但你细细观察,所有的一切其实都是地狱。弹着竖琴的女子坐在那儿,衣衫褴褛。她的衣服破烂不堪,她就好像是广岛的或者沙佩维尔(注:沙佩维尔为南非城市,曾发生种族屠杀)的受难者……虽然世界被战争撕裂,虽然世界被仇恨摧残,虽然世界被猜疑蹂躏,虽然世界被疾病惩罚,虽然在这个世界上饥饿和贪婪难以共枕同眠,虽然种族隔离和人情冷漠助燃种族偏见之火焰……她的竖琴被毁坏得只剩下一根琴弦,即使发生了这一切,但是这位女人仍有无畏的希望。她有着无畏的希望,在她那仅存的一根琴弦上,去弹奏音乐,去赞美上帝。"从这次布道活动中,奥巴马汲取了巨大的精神力量,在奥巴马的头顶开始回旋着美国开国先辈们的遗言。这些遗言在奥巴马的口中变成如下的宣示:"我们聚在一起,共认我们国家之伟大——并非基于我们摩天大楼之高度,我们军事力量之强盛,或是我们经济规模之宏大。我们的骄傲仅仅依据一个简单的前提。200年前的一个宣言,依然可以囊括其要义:'我们确信并坚守这样一个信念:人人生而平等;造物主赋予每个人不可剥夺的权利,包括有自下而上的权利,自由的权利以及追求幸福的权利。'"

在2004年的总统大选中,奥巴马就将"大无畏的希望"灌输给美国选民。2004年7月27日,奥巴马在美国民主党全国代表大会上发表"基调演讲",演讲的题目就是《大无畏的希望》,奥巴马充满激情地宣示:"不存在一个自由主义的美国和一个保守主义的美国,而只有一个美利坚合众国。不存在黑人的美国和白人的美国、拉丁族裔的美国和亚洲人的美国,而只有美利坚合众国。"这次演讲使很多年轻的民主党人欣喜若狂,很多上了年纪的民主党人都为之热泪盈眶。正是这场演讲让名不见经传的奥巴马开始声名鹊起。一个希望的火种开始在美国熊熊燃烧。

2008年1月3日,在艾奥瓦党团会议选举获胜之夜,奥巴马发表激情澎湃的演讲,详细阐述了自己对"大无畏的希望"的理念:

"希望"不是盲目的乐观主义。"希望"不是忽视未来的艰巨任务或横亘在我们前行道路上的障碍。"希望"不是置身事外或从拼斗中退缩。"希望"是我们心中坚守一种东西：它告诉我们，不管遭遇多少艰难险阻，只要有勇气去争取，只要愿意付出努力和艰辛，更好的东西就会等待我们。

我在一个来自樟泉（Cedar Rapids）的年轻女士的眼中看到了"希望"：她白天全天在大学上课，晚上加夜班，但却仍然不能负担生病的妹妹的医疗费；但她仍相信这个国家会提供她实现梦想的机会。

我从一个来自新罕布什尔州的妇女的声音中听到了"希望"：她告诉我自从她的侄儿奔赴伊拉克战场她就一直感到气短；但是她每晚睡觉前都要为侄子的安全回归祈祷。

"希望"引领一群殖民者揭竿而起反对一个帝国；"希望"引领我们伟大的祖先解放了一个大陆，复活了一个民族；"希望"引领青年男女为了自由围坐在（不向黑人提供服务的）餐桌旁，引领他们勇敢地面对高压水龙，穿越（阿拉巴马州的）塞尔玛和蒙哥马利。

"希望"引领我今天来到这里——我的父亲来自肯尼亚，母亲来自堪萨斯，这样的故事只可能发生在美利坚合众国。"希望"是美利坚民族的基石，"希望"是我们执著的信仰：我们的命运不是被人写就，而是要由我们自己写就，由那些不愿意勉强接受这个世界并信心百倍地按照它应该变成的蓝图去改造它的男男女女们写就。

"目前一个最最单纯的美国梦都变得难以实现了"

在很多美国人心目中，一个最最单纯的美国梦就是"能够支撑和养育家庭；比我的父亲更富足；身在一个繁荣、自足、被世界所尊重的国家中生活"，"只要找个好工作、努力工作，你就能舒适地生活——有足够的钱支撑自己和家人，享受优质的健康保障，最终退休并不用为老来没有经济依靠而担忧"。这也是奥巴马眼中的美国梦。

而随着美国梦的神话逐渐破灭，如今的现实是："目前，一个最最单纯的美国梦变得难以实现了。"（It's getting tougher to live out the most simple of American dreams.）支撑、养育自己的家庭是最简单也最重要的美国梦，入主白宫的人应当能为美国人民重拾这个梦。而这却是共和党想轻描淡写地加以忽略的现实。正因为如此，奥巴马要重申美国梦。

共和党的标准论调是，每个美国人如果够努力的话，都应当能靠一己之力出人头地。共和党人会举出实例来证实这一点，比如美国前国务卿鲍威尔和现任国务卿赖斯。然而，像赖斯、奥巴马等人的成功并不仅仅来自努力，他们的成功还得益于超人的才智、魅力、无与伦比的自信和外表。奥巴马曾在演讲中用自身的经历告诉听众，如果没有一个好的政府提供好的政策，靠个人奋斗取得成功是相当困难的。

白手起家的故事大多出现在好莱坞的故事中，而不是生活中。"皮尤慈善信托基金会"的经济流动性研究项目报告通过比较20世纪六十年代父母的收入与他们后辈的收入得出结论：处于社会经济最底层的孩子，只有6%最终上升到最顶层。这对美国是"充满希望之国度"的传统说法构成了挑战。

美国梦已经变得遥不可及，在现实生活中，越来越多的美国人超时工作，打两份、三份工，却只是勉强度日。那些不能实现美国梦的美国人产生了一种美国式的自暴自弃。

奥巴马说，政府应该为这些人所面临的困境负相当一部分责任，因为政府没有给工薪阶层足够的税收优惠，没有成功刺激经济的增长，没有产生更多的就业机会，也没有让健康保险和大学教育更容易负担。奥巴马发誓要改变这一切，他许诺提高富人的税收，同时降低中产阶级的税收；建立创造新就业机会的计划；让每个人都能负担得起医疗保障和大学教育。

很多美国人说，他们在听了奥巴马的讲演后感觉找回了梦想。有人说："我现在已经从希拉里的支持者转为一个彻底的奥巴马支持者。看起来奥巴马确实理解普通美国人民在想什么，而他愿意帮助我们摆脱困境。"

奥巴马身边围着一大批传统的民主党政客和顾问，他如果获得总统的权力,将推动着在美国国内进行重要的变革。一个非洲裔美国人当选总统本身就是一个显著的文化变革。投票给他的人将期待他在国内发起另一次新政——建立医疗保障、税收结构调整、创造就业、挽救养老金制度。

另外,奥巴马需要作出努力摧毁目前美国的半警察国家结构,这是布什政权以反恐战争为名构建起来的。为达到此目的,奥巴马需要作出的努力远远超过任命更好的法官,奥巴马要从根本上修改立法和行政政策,并把秘密的规则和实践暴露到光天化日之下。奥巴马在控制中情局和联邦调查局上面可以有很大作为。历史很可能首先根据奥巴马在这个领域的作为来评判他。

"真正的美国之谜:重新出发"

在奥巴马试图问鼎美国权力顶峰的时候,伴随着美国梦的破灭,美国越来越深地陷入各种危机之中。在危急时刻, 人们总是从他们的传统智慧,从他们最深的价值观和经验中汲取力量和启示,从而渡过难关。美国也一样,在危机来临的时候,在自尊自信日渐减退的时候,美国人必将从美国人自己的精神传统中寻找解决当下问题的方案。

美国历史上那些困难时期里总会出现类似于《圣经》里的亚当形象的领袖人物,他们总能够摆脱现实的桎梏,带领大家创造一个崭新的未来。那些为美国独立而战的先辈们认为,美国人不仅摆脱了和旧大陆的联系,也和旧历史作了告别。

托马斯·潘恩在1792年写道:"美国的实例和她所处的环境都证明了她自己处在一个新世界的开头。"托马斯·潘恩生于英国,做过裁缝、教师和税务官。1774年到北美后加入美国的独立运动,历时十三年。在美国期间,他担任过报刊编辑、大陆会议外交委员会秘书、宾夕法尼亚议会秘书等职务。他对美国独立战争的主要贡献是发表政论推进革命运动。美国独立后,潘恩于1787年回到欧洲,往返英法两国参加反对封建专制的斗争。他曾参加法国大革命,获得法国公民资格,做过法国国民议会议员。在世界近代史上,托马斯·潘恩的思想和著作对美利坚合众国的诞生曾起过催化作用,他的精神遗产使他永驻美国的史册。如今,美国需要站在一个新的起点来开始新的转向。

托马斯·杰斐逊坚信,美国这个崭新的国家能够在必要的时候更新自己,"自由之树必须振作——在爱国者和暴君们的鲜血的浇灌之下"。1812年之后,美国最终摆脱了大不列颠,那种一个国家摆脱旧有历史的观念真正在美国人的精神血脉中扎根。1839年,美国的一则社论说:"我们国家的诞生意味着一段崭新历史的开始,这使我们摆脱了过去而仅仅和未来相连。"正是基于这一脉相承的美国信念,每一代美国人都相信他们能更新他们的国家。

1841年,艾默生在波士顿的一次演讲中形容说,"守旧代表了无可置疑的局限性,改革毫无疑问代表了无限可能。"劳伦斯在1923年出版的《美国古典文学研究》中把这种信念概括为"真正的美国之谜"。在社会面临巨变和充满强烈不满的时候,劳伦斯所说的美国之谜在美国政治中不断出现。

20世纪六十年代早期,美国在太空竞争中明显失败之后,肯尼迪总统敲响了变革的警钟,他说:"变革是生命的法则","那些紧紧抓着过去和现在不放的人将失去未来"。

与肯尼迪竞争过总统的尼克松曾经在选战前访问法国,受到戴高乐的接见,戴高乐告诉尼克松,作为副总统,应该在艾森豪威尔政府的政绩的基础上进行竞选,但是戴高乐非常强调地说:要想得到总统的职位,"你必须用建设'新的美国'作纲领来竞选",但是尼克松认为自己不能这样做,因为那样的话,他就不得不批评现政府,而他本人也正是这个政府的一员,当时尼克松是副总统。但是最终尼克松不得不承认,戴高乐的"忠告是正确的。肯尼迪就是以'新的美国'这个主题来竞选的,而结果他获胜了"。

今天,美国的环境看起来又非常合适孕育一位新的亚当式人物——长达五年的毫无收获的伊拉克战争,每个普通人都感受到了的经济衰退,

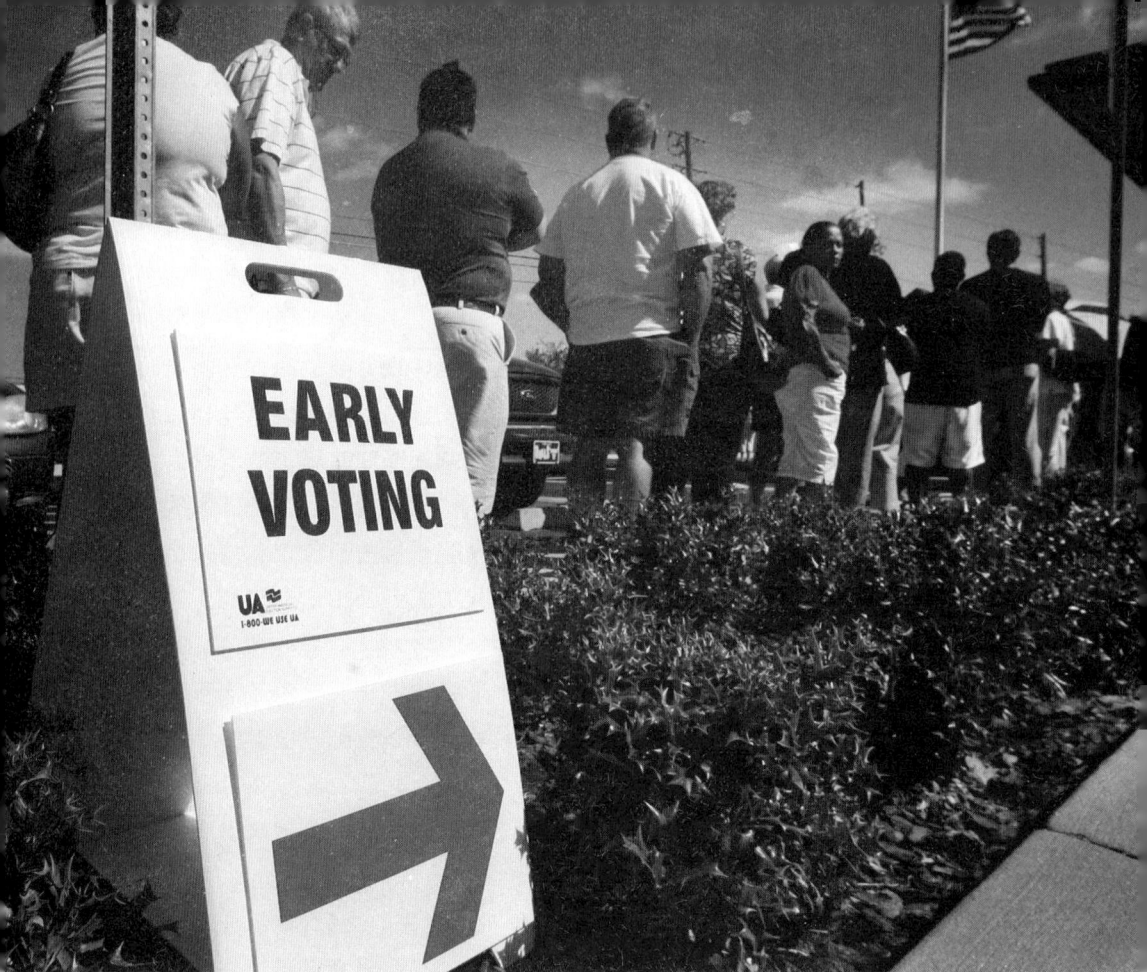

2008 年 10 月 20 日，佛罗里达州奥兰多橘子郡图书馆前，大量的选民排队投票，佛罗里达州是几个开始先期投票的州之一

一个被党派偏见弄得处于半瘫痪状态的政治体系。

当美国人期待出现一个新的亚当式人物的时候，人们把期待的目光投向民主党，而民主党比人们期待的走得更远，它把一个后婴儿潮时代出生的还很年轻的人，一个黑人，一个外国留学生的后代，一个其父辈和其本人的生活经历中具有伊斯兰教背景的人提名为总统候选人，这是一个在肯尼迪总统之前可能要受到多重歧视的人，但是现在他将迈上通往白宫的红地毯，这是一个当代的美国梦。

奥巴马号召的"变革"和"希望"很好地吻合了美国当今社会的呼吸，并契合美国古老的传统。奥巴马说："希望和变革是我生活的目标"，"希望

是这个国家的基石：那种相信我们的命运不是为我们写就，而是我们自己去书写的坚定信念"。"每一代人的生命中都有那样一个时刻，这个时刻是否能够在历史上留下印痕，就看人们是否能够让这种精神生长，是否能够摆脱过去的羁绊走向未来。""人们想书写崭新的一页，他们想在美国历史上书写崭新的一章。"奥巴马的年轻而没有皱纹的脸，他那充满异乡气息的名字，加深了那种认为他能够让美国有一个崭新的重启的信念。难怪有评论认为，"奥巴马拥有典型的美国人形象，他有非洲血统，出生于这个国家最年轻的一个州，在亚洲和一群穆斯林孩子们一起长大"，"现在就是最恰当不过的奥巴马的总统任期"。

奥巴马正是看中了这一点，因而在他的著作和演讲中不时抨击华盛顿的政坛积弊，在《大无畏的希望》中，奥巴马直言不讳地批评美国的国会"这个世界上最大的政治协商会议上"几乎"没有人在关注和倾听别人在讲什么"："除了投票的几分钟，我和我的同僚很少肯在参议院多呆一会。大部分的决议——发起什么动议和何时发起，（议案）要做多少修正，如何劝服不合作的议员——这些已经全然事先被多数党领袖，相关委员会的主席和其手下他们的民主党内应摆平。当我们走出电梯，工作人员开始点名的时候，其实每个人都已经拿定了主意——在和属下磋商的时候拿定了主意，在党内秘密会议的时候拿定了主意，在遭遇首席说客的时候拿定了主意，在参加特定组织的活动时拿定了主意，在受到委托人邮件时拿定了主意，在内心意识形态交锋时拿定了主意——自己的座位早已选好。""许多议员欣然于此：谁不想糊弄完12或13个小时的议程，早点回去会见委托人或回他们的电话？谁不想早点回去到附近的某家饭店伺候捐款人？谁不想早点回去参加直播访谈？但如果你执意纠缠，那你将无疑成为一个孤独的在众人离去后还四下寻找落在地板上的赞同票的傻瓜。"奥巴马批评美国的"政治成为骂人的产业，加上有线电视、广播节目和时代杂志畅销书单——这种产业不仅持久繁荣而且还带来财源滚滚"，"我们每日被鸡毛蒜皮的小事埋葬，对艰难的重大决策却畏惧不前，面对棘手事物也破题乏方"，"每个选区都会收到拆不过来的信件，而它们的内容不外乎控诉对方渎职、腐败、无能和道德沦丧"。奥巴马提醒美国人："我们需要反思我们是如何沦落到了今天的境地：集团争斗，部族仇恨。我们还必须时刻提醒自己，摒除分歧，求同求共：我们有着同样的希望、同样的梦想和辗不断的同胞之谊。"

美国重新出发的另一个内涵是美国善于网罗全球精英。美国是个移民社会，美国的每一次重新开始都和一代代移民的加入关系极大。回顾美国200多年的短暂历史，美国的兴起靠什么？靠的是美国吸引了一代又一代各种肤色的人才来美国寻梦；真正的美国之谜是什么？是美国这个移民社会的拓荒精神。美国的每一次跃升，都伴随着拓荒精神的再次迸发，美国的每一次战略转折，往往都伴随着优秀人才的移民潮。美国一直得益于移民带来的技术、资金、奋斗精神和创新活力，实现了一次又一次飞跃，美国政治家深谙其中的奥妙。

让我们来看下面这一幕真实的历史：1945年，第二次世界大战即将获得最后胜利之时，守卫波恩大学的一位美国士兵正进行一项伟大的工作：他蹲在马桶前面，将马桶中的碎纸片细心地全部掏出。波兰籍的他一定想不到，自己正掏出一份全世界最有名的寻才启事，足让他载入世界历史——碎纸片晾干后拼成的"奥森伯格名单"上，记录着德国科研计划摘要和科学家的家庭地址，美国随后用软硬兼施的手段让这100多位科学家前往美国。这些核能与航天领域的德国科学家，最终为世界科学中心从德国转移到战后的美国作出贡献——可见，人才足以改变世界。

在民主党的初选战中我们已经看到，希拉里和奥巴马在移民政策这一点上几乎大同小异，他们都重视亚裔，都认为现行的由共和党主导的移民政策是失败的：美国有近1200万人无合法身份。希拉里承诺将改善移民法，尊重移民的重要性，并协助移民和家人相聚。奥巴马则指出，没有身份就无法参与许多事务，所以他将致力于修订有关工作签证的规定，让更多专业人士留在美国服务。

2008年大选将使得主张放宽移民政策的奥巴马取得更大的优势，奥巴马的胜出将促使美国启动新一波移民的浪潮。奥巴马必将加大人才移民的力度，尤其是加大从那些能对美国形成潜在威胁的新崛起国家挖掘人才的力度，人才的流动同时也必然带来资金的流动。这些重大的战略调整都将随着奥巴马的问鼎而接连发生。

"奥巴马的成功得益于美国政治文化中两个根深蒂固的传统"

2008年4月9日，《新民周刊》发表黄靖发自华盛顿的报道《奥巴马及美国政治文化》，文章认为，奥巴马的成功，得益于美国政治文化中两个相辅相成、根深蒂固的传统。一是对出身"草根"、靠自我奋斗而成功的"英雄"的推崇。二是对权力以至整个特权阶层的不信任。每当美国面临危机开始酝酿新的变革的时候，选民们就会用手上的选票选出一位最有资格带领他们实现转变的"草根"英雄，而赶走那些垄断权力以权谋私的特殊利益集团的代言人。

黄靖认为，美国是由一群背井离乡的移民建立的，他们来到"新世界"时往往一无所有，通过自身努力而"自我造就（self-made）"的成功人士作为"美国梦"的实现者最能得到大众的推崇。"二战"以后，美国历届总统中的杜鲁门、约翰逊、卡特、里根、克林顿都是"自我造就"的典范。2008年3月18日奥巴马在费城的演讲中自豪地声称：像他这样一个有着肯尼亚黑人父亲、美国白人母亲、进黑人教堂、由白人外祖母抚养大的人，只有在美国才能靠个人的天分和努力获得成功。选民对奥巴马的广泛支持和认同，其个人魅力或肤色固然起到一定作用，但根本原因，是广大支持者们，尤其是青年人，从奥巴马身上看到了希望，看到了可以实现的"美国梦"。

美国也是由一群反叛旧制度的移民建立的，他们对权力尤其是特权的不信任甚至是敌视可谓根深蒂固。一部美国宪法，实际上就是一部限制监督政府权力、保障公民权利的宪法。美国政治制度中的"三权分立"，根本目的就是为了防止权力滥用。在美国现代史上，每隔一段时间，就会有一个"圈外人"靠民众的选票闯入权力核心。"二战"以来，行伍出身的杜鲁门、天主教小子肯尼迪、农夫兼木匠卡特、演员里根、阿肯色土佬克林顿，都是以"圈外人"的身份打入白宫的。而美国在他们各自的竞选期间所面临的种种困难，则是选民的广泛认同和支持他们"变革（change）"的号召。

由于美国当下正处在深深的失落中，因此，奥巴马不断提到的"变革"、"希望"正是美国当下最需要的东西。而且，这些口号其实深深扎根于美国人的价值传统和民族灵魂中，每当美国酝酿新的国家目标时，这些口号所代表的精神会激发美国人从他们的祖辈开创的传统中汲取面对未来挑战的力量。这种力量将擦去过去历史的尘埃，带领美国人民从零开始。

自里根以后，奥巴马又成功地让自己成为一位政治偶像，人们又为一位政治人物挤满了体育场，每当奥巴马喊出"变革"的呼声，人们便回答说："是的，我们能！"奥巴马获得了成千上万的志愿者的拥护，他激发更多的人参加投票，尤其是那些年轻人。过去的两任民主党竞选者戈尔和克里从来都没有获得过这样的支持。

2008 年 10 月 15 日，美国田纳西州孟菲斯市选民参加美国大选投票

在一张学生报纸上，人们将奥巴马的竞选活动比喻为 "我的父母们在过去的六十年代所经历过的，我希望在自己有生之年也能够有机会亲自去体验的生活，使我感兴趣的是数以万计的人们又重新有了信仰。他们

奥巴马胸有成竹

相信美国，他们彼此相信，更重要的是，他们对自己也充满了希望。"还有选民说，"如果让我选麦凯恩还是奥巴马，我肯定毫不犹豫地投奥巴马的票。绝不仅仅因为他是个美国黑人，绝不仅仅他创造了一些奇迹。让人难以忘怀的，是奥巴马的那一次次振奋人心的，能够教育子孙后代的经典演讲。如果肯尼迪能有一两篇演讲稿流传后世，那么奥巴马的演讲稿篇篇都应该写入西方社会的语文课本。"

和美国政坛许多衔着银匙出生的世家子弟相比，奥巴马没有显赫的家世。哥伦比亚大学毕业后，奥巴马在芝加哥一个服务社区低收入户的"草根"组织中工作了几年，之后前往哈佛法学院攻读法学博士学位。凭借自己不懈的努力，再加上天生的演说才华与领袖特质，以及社区服务所累积的基础，他一步一个脚印，在短短数年间脱颖而出，走到今天这一步。如果奥巴马的经历能够说明什么的话，那就是说，在美国这个国家，你不一定需要出身权贵也能成功。

"奥巴马没什么真材实料或经验能成为总统"

奥巴马现年47岁，2005年初才就任美国参议员，从来没做过州长市长，甚至连一家大型企业也没有领导过，其外交经验更是几乎为零，有人

奥巴马与希拉里

因此质疑奥巴马缺乏经验,他们质疑奥巴马能不能突然领导一个国家,担当美国的三军统帅。同理,很多人认为希拉里更有经验,因此更有资格当选美国总统,希拉里一开始也是这么认为的。

美国前总统卡特曾多次在媒体上暗示支持奥巴马,并在2008年6月3日初选结束后公开表示对奥巴马的认可。但他在美国公共广播公司的一个谈话节目中推销其以反以色列为主题的著作时又流露出对奥巴马的不放心:"奥巴马没什么真材实料或经验能成为总统。"

对这个问题最简单的回答就是:没有任何人在就任总统之前具备做总统的经验。如果上面所说的指责奥巴马缺乏经验的逻辑能够成立,那么,"二战"爆发的时候,法国的贝当挟"一战"时的卓著功勋和丰富经验应该是最适合领导法国的,而戴高乐初出茅庐连个将军都不是,显然不应该由他来领导法国。历史事实一开始也是如此,当德国发动对法国的入侵时，尽管声嘶力竭的戴高乐早就在大声疾呼，但是不会有任何人同意选戴高乐来领导法国。原因和今天的人们评论奥巴马一样，戴高乐没有领导一个国家的经验。前面我们已经说了，如果非要论经验，即使在民主党内，希拉里的经验也不是最丰富的，比她资历丰富的人多的是。经验至上主义该反思一下了。

关于候选人的经验问题，《纽约客》的亨德里克写道："经验不足到底是不是个短处并不一定，特别是当选民们都着急于对现状有一个新开始的时候。"2008年8月27日，民主党全国代表大会进行到第三天，前总统克林顿发表演说为奥巴马站台。期间克林顿说了这么一句话："当年我竞选总统时，他们就说我年轻没经验。"结果引来一阵笑声。克林顿这句话，是对攻击奥巴马年轻没有经验、不堪总统大任的回击。

事实上，真正符合时代需要的人往往是超前于时代发展的人，历史不可能把一个领导人训练好了并获得天下人的承认再把他推上领导人的座位。本届美国大选很有趣，四位正副总统候选人竟有三人从来没有过行政经验，剩下的那个也没有在中央机关的行政经历。民主党的奥巴马和拜登都是联邦参议员，拜登还常年把持国会山外交委员会的头把交椅，但这里的外交经验和真正的外交活动还相去甚远，麦凯恩在国会的资历与拜登相当，德高望重有余，但谁也不敢肯定他的行政手腕如何。这种情况在以往的美国大选是十分罕见的，因此要说行政经验问题，谁也不够资格担任美国总统的重任。

而领导力是有天分的，从竞选的过程中我们已经可以看出奥巴马的领导力。奥巴马具有做领袖人物的三个重要的天分：一、具有卓越的眼光，很早就确立个人的奋斗目标，定位十分清楚；二、一旦确立目标，就始终不渝、不再动摇，并且以最快的速度奔向目标；三、实现目标，取得胜利的愿望非常强烈，能够愈挫愈勇。如果这种风格被用之于领导国家，则奥巴马会以强有力的领导来推动国家目标的实现。奥巴马捕捉到了时代的精神脉动，他预告了美国必须进行战略性的大调整而不仅仅是一大堆具体问题的解决方案。前康涅狄格州参议院候选人奈德这样评论奥巴马，"我被他吸引住了,我喜欢他给华盛顿带来崭新的视角,喜欢他给我们在世界上带来一个崭新的开始。"

对于一位领袖人物来说,能够具有穿透未来的战略眼光、及时提出应对未来变化的策略比拥有过时的经验更重要。奥巴马在2002年10月曾公开反对伊战,其判断力、自信与勇气远非希拉里和麦凯恩可比。自2007年初宣布参选总统以来,他以民主党全部候选人中最浅的资历,面对长期经营而政治资本雄厚的对手,仍能最终脱颖而出,后来居上,决不是单凭说大话和吹牛就能实现的。就连一直力挺希拉里的乔·克莱恩也指出,竞选活动是对于候选人的战略、策略以及管理一个高度复杂的组织的能力的考验。在三位候选人中,"奥巴马已充分证明了自己是最优秀的行政主管"。

而且,经验这个词也被包括希拉里在内的大多数人误解了,有一项调查发现,美国选民关心的候选人的经验,并不仅仅指的是政治经验,更是人生经验的丰富程度。布什的军师卡尔·罗夫曾在《华尔街日报》上发表文章说,麦凯恩与奥巴马的竞争,不是集中在政策的辩论,而是在个人品格与人生体验和阅历的丰富程度上一较高下。

选民重视候选人的品格很容易理解,而他们对候选人人生体验的丰富程度的重视,则往往被误解。1992年的选举,政治经验丰富的布什输给了后生小子克林顿,2000年的大选,政治经验丰富的副总统戈尔输给了小布什,2004年的大选,政治经验丰富的克里同样输掉了。所有民意调查都显示选民对候选人的经验非常重视。这种现象,让很多分析家感到困惑不解。究其原因,是因为没有区别政治经验和人生经验。

卡尔·罗夫说:"2004年我在佛罗里达州为克里助选。有不少蓝领阶级的选民对我说,他们不喜欢克里,因为他'根本不知道我们是怎样生活的'。我开始的时候也感到很奇怪,因为克里的许多政策明明对蓝领阶级有利,为什么这些选民看不到这点。参加过比较多的竞选活动之后,我才逐渐明白,选民心目中的经验,并不仅仅指的是从政的经历,而更多是人生体验。美国虽然是个富裕的国家,但是多数人的生活并不那么容易。人

们每日要为生活奔波,不断会遭受各种各样的挫折。他们希望国家的领导人能够体会他们的希望与失望,在制定国家政策的时候能够考虑到他们的利益。因此,在投票箱面前,中下层选民便倾向于将选票投给那些能够与他们建立这种心理联系的候选人。看看自约翰逊政府以来的大选,每次都是更能够与中下层选民沟通的候选人获得了胜利。"

从人生体验这个角度来衡量,奥巴马可谓阅历丰富,他出生在社会底层,父亲来自非洲,继父来自亚洲,小时候母亲领过政府的救济粮,奥巴马和妻子都是通过学生贷款完成大学教育的。他说他们在结婚的前13年都住在一个三居室的公寓里,连车库都没有,每天早晨都要除冰。奥巴马说,他一生都和低收入群体在一起生活,并帮助这些人改善他们的生活。他又曾经揣着哈佛大学法学博士学位在芝加哥底层社会为下层社会服务过,他自称自己是美国最穷的参议员,这些人生体验是颇能打动选民的情感,获得选民的认同的。

从另外一个角度来说,领袖人物并不需要事必躬亲,也没有必要对任何事都必须有经验。领袖人物应该是帅才,帅的作用是将将,就是指挥大

奥巴马乐着

将，奥巴马就是这样的帅才，而希拉里显然只能算是将才。看看希拉里的口号"解决美国问题的方案"（solutiongs for America），完全缺乏关于前途和未来的方向感，显示不出一名主帅应有的战略眼光。

领袖人物最大的作用在于慧眼识人并授权予人，领导者最辛苦的阶段在于网罗人才，一旦合适的人找到了，领导者就轻松了。奥巴马能不能成为合格的总统，还需要看他能不能获得顶尖人才的支持。在这一点上，奥巴马获得了比希拉里和麦凯恩更多的支持，甚至是原来的对手的支持。2008年2月26日，奥巴马曾经的对手、前民主党总统竞选参选人克里斯·托德宣布支持奥巴马。托德是参议院外交关系委员会的资深成员，同时还是参议院银行、住房与城市食物委员会的主席。托德也参加了本次民主党总统初选，但在1月3日爱荷华州党团初选结束后，他宣布退选。托德在外交、军事问题上经验老到，而奥巴马在这两个问题一直被认为经验不足，有了托德相助，奥巴马的实力就更充分了。在发给支持者的一封电子邮件上，托德表示，"能够在2008年成为支持奥巴马的第一位民主党总统参选人，我感到非常骄傲"，"他已经准备好当总统，而我已准备好支持他——与他工作、为他工作，帮助他当选我们的第44任总统"。

除众多的"超级代表"外，奥巴马在希拉里没宣布失败前还得到前竞争对手约翰·爱德华兹的支持。爱德华兹认为，奥巴马更有机会在总统选举中击败稳获共和党总统候选人提名的约翰·麦凯恩。他说："我认为，他（奥巴马）拿到桌面上的是能力：第一，团结民主党；第二，吸引新选民，吸引很久没有参与选举的人，让人们对变化感到激动。"当然，在奥巴马获得提名所需要的足够票数几天后，一路和他缠斗的希拉里也出于党内团结的需要表态支持奥巴马。

奥巴马很喜欢的美国前总统林肯曾经被指责在对待政敌的态度问题上不够强硬，批评者对他说："你为什么要让他们成为朋友呢？你应该想办法消灭他们才对。"林肯的回答是，"我难道不是在消灭政敌吗？当我使他们成为我的朋友时，政敌就不存在了。"把竞争对手转变为朋友，把敌人变为自己的支持者，这是最能检验一位政治家的领袖魅力的标志。

"直到最后一分钟克林顿夫妇才送来讲稿"

2008年6月3日，美国民主党总统参选人奥巴马在明尼苏达州圣保罗举行集会时正式宣布自己成为民主党总统提名人。截至当日晚，奥巴马已经获得了2129个代表席位，超过获得提名必需的2118席。奥巴马在演讲中说："在54场艰苦的竞争后，我们的预选终于到了结束的时候。今天，我要在你们面前正式宣布，我将成为民主党总统候选人。"奥巴马朝着重新点燃美国梦的火炬手角色又迈进了一步。

为重新点燃美国梦，奥巴马提出了团结民主党和共和党的力量共同应对美国当下最迫切的危机。在民主党全国代表大会期间，共和党人对此冷言冷语地讽刺道："在丹佛举行的民主党的全国代表大会在弥合党内初选造成的裂痕方面遇到了很大的挑战，民主党官方的腔调是将美国各州团结成一个国家，但是奥巴马阵营就连把民主党团结成一个意见统一的政党都有点吃力。"共和党的批评可谓刺中了民主党的痛处，奥巴马和希拉里在初选时确实发力过猛了，以致不仅克林顿觉得生气，双方的支持者更有点势同水火，虽然他们都是民主党的登记选民。

回顾并全面总结希拉里失败的教训，我们也确实为希拉里未能出线而感到一些惋惜，毕竟这也是一位有着绝佳天赋和雄心壮志，又有着克林顿辅佐的政治强人。但是出线的人只能有一个，在即将冲顶的时候遇到奥巴马这匹黑马和拦路虎，确实是希拉里的不幸。对于希拉里的失败，我们起码能确认以下几点原因：

第一，天时不利。希拉里打出的竞选口号是美国问题的解决方案，她的宣传策略是鼓吹自己更有经验。奥巴马则打出变革的口号，鼓吹给美国带来新的希望。奥巴马反复地说，现在的关键问题不是谁的政策更好；美国不缺好主意，问题是由于特殊利益集团的游说，华盛顿成了好主意活不下去的地方。"克林顿参议员（希拉里）和我在很多政策上的立场都是一致的，但是，如果我们不能鼓舞美国人民，让他们参与到政府中来，如果我们不能鼓舞他们超越种族分歧、宗教分歧和区域分歧，我们还会看到华盛顿的政治僵局和不作为"。在美国总统竞选的历史上，鼓吹希望的候选人常常打败炫耀经验的候选人，比如肯尼迪之胜尼克松，克林顿之胜老布什。1960年，理查德·尼克松以四年众议员、一届参议员、八年副总统的经验败于热情洋溢的年轻参议员肯尼迪。1992年，老布什以曾任众议员、驻联合国大使、共和党全国委员会主席、中央情报局局长、八年副总统加四年总统之经验败于46岁的肯色州长克林顿。这些都证明"经验"未必能敌"希望"。

正如奥巴马的首席战略顾问大卫·阿克塞尔罗德所说："今年人人都想看到变化。因此对于希拉里这样的政治老手来说，这可不是个好年头。"

当选民们急切希望国家发生变化时，希拉里的竞选策略并不契合选民的需要。希拉里竞选总统的最可悲之处是在顶峰在望时运气不佳，撞上了一个路数奇特的奥巴马。

希拉里在演说

第二，人心不和。在民主党高层，有一股坚决反对希拉里当选的势力，美国民主党高层如迪安、卡特、佩罗西、爱德华兹等人在民主党初选过程中，几乎是不约而同地对希拉里发起了打压、羁绊和设置高门槛，或者说是刁难，当然其中大都打着规则和民意的旗号。这些人可能觉得希拉里是个太强势的人，她一旦得到权力会很难和别人分享，另外，由于性别的原因，在一个意志坚决表情冷峻的女性面前俯首帖耳唯唯诺诺的这样一个前景也让民主党高层的一群大老爷们坐卧不安，这些人以前和克林顿就不和，因为克林顿出身低下却有优秀表现已经让他们很妒忌了，在克林顿执政时期希拉里就把戈尔挤兑到边缘地位也使民主党高层与克林顿夫妇不和。他们一直在民主党内部寻找能够打败希拉里的人，2004年，他们发现了奥巴马值得培养，奥巴马是个华盛顿的新手，在民主党内没有自己的地盘和势力，其本人在哈佛读书的时候就表现出很高超的与各派人等为善的智慧，在哈佛大学的辩论会上，奥巴马进行的点评曾使得参加辩论的双方都觉得奥巴马站在自己一边，这样一个善于调和、根基不深、口才出众又魅力四射的人正是民主党高层中意的人选。在高层的态度被超级代表们领会后，希拉里的超级代表票便一直在流失。最后，忠诚于希拉里的不是那些在政坛厮混多年、欠了克林顿夫妇人情的超级代表，而是无数默默无闻的中年妇女。

在用人方面，希拉里也未能凝聚那些有才能但也有个性而不愿俯首帖耳唯命是从的高手，希拉里只选择对自己忠诚的人构成竞选班子，她不愿意重用那些真正掌握游戏规则的人，任人唯亲是无法获得最后的胜利的。相比之下，奥巴马以默默无名的身份出场却能迅速获得全国性乃至世界性的认同，个中奥妙我们从奥巴马的演讲中也能略见一斑。奥巴马开始广为人知，是在2004年美国民主党全国党代表大会上对着全国观众发表主题演说。奥巴马没有采用一般美籍非洲裔政治人物喜好的传道士腔，而是以一种亲和但有力的方式来求取认同，结果一夜成名，从那时起就有人预言他必将成为下届总统热门人选。奥巴马在那次演讲中说："这里没有一个自由派的美国，也没有一个保守派的美国，这里只有一个美利坚合众国（United States of America，这里的United有双关的意味）。这里没有一个黑色美国和一个白色美国、拉丁裔美国、亚裔美国，这里只有一个美利坚合众国。"已故的当代修辞学大师肯尼思•柏克曾断言，修辞学的核心不是前人所说的"说服"，而是"认同"。这篇演说的重点就是要吸引大家对奥巴马产生认同，认同奥巴马和自己是同一类人——早已厌倦了政治斗争的新美国人。

还有另一种可能，希拉里不得华尔街大佬们的欢心，有这样一种说法，是华尔街的金融大佬们想让谁当总统，谁就当总统，选举过程只是形式而已。当然，最后的总统一定要符合大多数公众的要求，但是其本质是金融大佬利益的代言人。

第三，盲目自信。她自以为自己经验丰富，其实即使让希拉里参加大选对阵麦凯恩，希拉里的经验也难敌麦凯恩。麦凯恩不仅是家喻户晓的美国英雄，其四年众议员，二十余年参议员的资历与立法工作上的成就，使希拉里相形之下黯然失色。回头看希拉里，她只有一些重大的失败经验，希拉里曾以第一夫人之尊主持全国医疗制度改革，举国上下寄予厚望。然而她排斥不同意见，态度傲慢，积怨甚多又拒绝妥协。最后其医改方案在民主党全面掌控白宫和国会两院之日都无法通过。所谓"经验最丰富，能力最强，已通过了考验，从第一天起就可完全胜任"云云，都是大言不惭之论，"盛名之下，其实难副"也。

希拉里也低估了美国依然存在的性别歧视对她的影响的程度。2008年5月15日，《华盛顿邮报》的专栏作者玛丽亚?科寇发表了题为《我会记住的仇恨妇女的现象》（Misogyny I won't miss）的文章，列举了在这次竞选中表现出来的性别歧视。比如，互联网出售的最热门的竞选纪念品之一是一件印有奥巴马和希拉里头像的套头衫，上面的字眼是"兄弟先于婊子"。（"Bros before hos"——黑人男性时兴互称brother也就是"兄弟"，同时将妇女称为ho，含义就是"婊子"。）自由派媒体上奥巴马的支持者随心所欲地使用充满性别含义的语言来攻击希拉里，有人在电视上公开说，"奥巴马在2月份赢了，因为那是黑人历史月；希拉里在3月份赢了，显然那是白人母狗月。"NBC电视台的著名主持人克里斯?马修在希拉里的头上加了两个角，将这位参议员称作"女魔鬼"，他请来的客人则嘲笑希拉里"像是每个站在法庭外面的结发前妻"。CNN的主持人也将希拉里形容为一个"讨人厌的教训孩子的母亲"。

第四，筹款不力。几乎当年所有资助过比尔·克林顿进行总统竞选的人这一次也都为希拉里慷慨解囊。但希拉里的竞选班子却忽视了互联网的力量，她在各州进行巡回竞选时，捐助者都选择开支票的方式。但是，美国法律对候选人从一个人、一家公司的募捐额度有严格限制。在初选和大

选中,个人捐款都不能超过2300美元。相较之下,奥巴马单从互联网上就获得的捐款,占到他竞选资金的大半。另外,希拉里也陷入了由奥巴马发动的"群众战争"的"汪洋大海"。奥巴马的数百万捐款大军中,大多只提供10元、15元到50元的小额捐献。正是这些小额捐款造就了奥巴马的超级财务实力,把他推到民主党总统竞选提名人的位置。全美各地的小额捐款人都有类似的看法:他们感觉有自主权。他们相信,他们是在帮助奥巴马摆脱大公司和特殊利益集团的影响。许多过去从不为政治捐款的人都成了奥巴马捐款大军中的成员,并且准备再捐。到目前为止,奥巴马已经史无前例地筹款2.26亿元。

第五,欲速不达。希拉里一开始就认为自己不必和奥巴马打持久战,她满以为自己能早早给对手一击。她认为自己能在艾奥瓦州获胜,随后就会以摧枯拉朽之势打败对手,赢得民主党总统候选人资格。她低估了党团会议,轻视明尼苏达、内布拉斯加和堪萨斯等举行党团会议的州份,结果正是这些州份,帮助奥巴马在党代表票数量上抛离她。1月份希拉里已经出师不利,在2月份的"超级星期二"预选中与奥巴马只打了个平手,再往后她的竞选资金来源都断了,不得不自掏腰包,整个竞选都陷入被动挨打局面。

第六,自欺欺人。从下面这件事我们更能看出希拉里只不过是一个政客,而不是真正的政治家,从中我们可以窥出希拉里之所以败选的某些理由。希拉里喜欢吹嘘自己的外交经验,自称在做第一夫人的时候,走遍了全球大多数国家。在3月中旬的一次演讲中,希拉里说自己在1996年访问波斯尼亚的时候,在当地机场遇到了前来暗杀她的狙击手,她并没有因此取消访问,她的专机在狙击手的威胁下降落,机场的欢迎仪式临时取消,希拉里在重重包围下,低头躲着狙击手离开了机场。没过几天,美国的电视台重播她在波斯尼亚访问的画面。画面中的希拉里谈笑风生,并不见她低着头奔出机场的狼狈场面,传说中的狙击手连影子也没有。此事让美国媒体炒作了好一阵子,希拉里的竞选班子也不得不站出来声称这是她的口误。希拉里自己在被问及此事时也不得不说:"我也是人,我也会犯错误。"这等于承认此前的吹嘘是谎言。撒谎有高级和低级之分。高级的谎言，极具煽动性且不易被识破；低级的谎言，则容易被人当成笑话。

希拉里的谎言也许是因为她太在乎选战的得失因而变得不择手段，从而丧失了自信，丧失了自我。显然，她忘记了当初杰奎琳对她的忠告。希拉里在自己的自传中曾经这样写道："我从刚刚懂事的时候起就钦佩和尊敬杰奎琳·肯尼迪"，杰奎琳曾经给希拉里忠告，让她不为人所动，做一个具有自信心的女人。有这么一个故事：一次，希拉里受到杰奎琳的邀请，坐上她的游艇出海游玩。其他人都爬到离水面十多米高的甲板上兴致勃勃地跳水，并让希拉里也试一试。一开始希拉里实在不愿意跳，但人们又吹口哨又鼓掌，非要让她试一试，她只好十分不情愿地顺着梯子往上爬，希拉里终于爬到顶上，无奈地站在甲板上。这时人们一齐喊："快往下跳，快！"这时，杰奎琳发话了，她的声音压倒了一切："希拉里别跳！我知道你不愿意跳。不管别人怎么说，你不要听他们的！"瞬间，希拉里马上清醒过来，喊道："杰奎琳，你说得对！"说完，她便从甲板上下来了。初选激战中的希拉里大概忘了这个故事，忘了杰奎琳的忠告。

希拉里在一直处于下风的情况下一度出言规劝奥巴马做自己的副手也是美国媒体嘲笑的把柄，人们认为她是在自欺欺人。参议员达斯勒曾在美国全国广播公司（NBC）"会见媒体"节目中对希拉里当初的建议嗤之以鼻："这也许是美国历史上第一次落后的参选人要给领先的参选人副手职位。"马萨诸塞州州参议员约翰?克里也在哥伦比亚广播公司"面向全国"节目中揭露了希拉里的自相矛盾："成为副总统的基本条件之一就是（当总统死亡或无法履行职责时）能够（接管国家）成为总统……（克林顿夫妇）一边说奥巴马当总统不够格，现在又说他也许能成为副总统。"

第七，形象欠佳。希拉里并不怎么真诚的笑容，以及保守的裤装都让她不怎么讨人喜欢。在着装的品位方面，她和阿罗约、克里斯蒂娜·费尔南德斯、季莫申科完全不在同一个等量级上，甚至不如深爱着阿玛尼（Armani）和奥斯卡·德拉伦塔（Oscar De La Renta）的赖斯。有人抨击希拉里的裤装实在太强悍，急于像撒切尔夫人那样展现自己的铁腕，显得太

过野心勃勃。相比之下，奥巴马在镜头前一直表现为一个精干、干净、时尚的男性形象。

奥巴马后来的形象还得益于他没有像希拉里那样不计后果地攻击对手，奥巴马很早就看清楚了，他在战

有谁知道此时的他在心中酝酿什么

胜希拉里后，还需要团结曾经支持希拉里的选民，因此对希拉里一直以礼相待，斗而不破，奥巴马这种"绅士般"的党内竞争策略充分说明他的强大和远见，他在他最困难的时候也没有受获胜愿望的驱使而采取卑劣攻击的手法，这在当时使许多谋士困惑和不解，甚至有人公开质疑他是否具备攻击别人的勇气。现在他们都认识到还是奥巴马看得更远。对政治家来说，不择手段地击败对手常常能赢得一时的快感，而能使强劲对手成为自己的伙伴，并能支持自己那就是斗争艺术了！

希拉里终于偃旗息鼓了，有人劝她早收好散，还是回参议院做个女领班——参议院议长，与众议院的同党女议长佩洛西上下搭手，说不定哪天奥巴马总统拿着一份提案，还要好好察看希拉里的脸色呢。参议院议长仍然是一个很有尊严、很受尊重的政治名位，希拉里在这个岗位上仍然能青史留名。

还有人从另外的角度总结希拉里失败的原因，那就是，希拉里个性太强，权力欲太旺，一旦当选后民主党高层很难摆布她。因此希拉里不受民主党高层青睐。民主党高层的言论以及媒体的评论报道都对希拉里有点不公。他们不喜欢过于精明的人，不喜欢相比之下过于出类拔萃的人，他们甚至并不真正在乎民主党最终胜利与否，他们不愿意在以后听命于一

个强势的女总统。

虽然希拉里失败了，但是奥巴马明白，如果没有希拉里的支持，他的总统梦仍然很难实现。2008年6月3日晚，奥巴马在演讲中不忘高度赞扬党内对手希拉里，称希拉里是"激励了数百万美国人的政治领袖"，"因为有了她，我们的政党和国家才更好，也正因为和希拉里这样的领袖一起竞争，我今天获得的民主党提名才更有意义"。

但是，如果希拉里和克林顿不愿公开表态支持奥巴马，奥巴马和民主党将面临很严重的难堪局面。希拉里是否愿意出面说服自己的支持者为了民主党的利益而支持奥巴马呢？

奥巴马与希拉里在电视上

2008年6月7日，在保持了几天的沉默后，希拉里终于公开承认自己的失败。希拉里微笑着走入华盛顿国家建筑博物馆大厅，发表告别漫长竞选之旅的演说，同时表态支持奥巴马代表民主党角逐下届美国总统："我请求你们与我一起，像为我那样为奥巴马而出力"，"如今，继续我们的奋斗、实现我们目标的方式是拿出我们的精力、热情、力量，做我们能做的所有事，帮助巴拉克·奥巴马当选美国下届总统"。

除了争取希拉里的支持，奥巴马还需要赢得克林顿的公开支持。某位网友在个人博客里说："为期四天的民主党大会，两个晚上是由克林顿夫妇来唱主角。"民主党大会第二晚的主角是希拉里，第三晚的主角则是克林顿。民主党曾出过罗斯福总统、肯尼迪总统等影响深远的美国总统，但罗斯福家族几十年来在政治上相当低调；肯尼迪家族至今依然财大气粗，但随着年迈的爱德华·肯尼迪参议员身患脑瘤，加上肯尼迪家族年轻一代从小约翰·肯尼迪（肯尼迪总统之子）因飞机失事而英年早逝后在政治上没什么企图心，因此这个家族在民主党的影响力也在走下坡路。民主党内的另一位至今健在的前总统卡特以及前副总统戈尔都是诺贝尔和平奖得主；但他们二位对民主党党务远没有对世界人权问题和全球环保问题来得热心。在今天，克林顿家族是美国民主党的第一家庭，只有克林顿家族几年来一直对民主党党务非常热心。

出于对民主党在大选中的前途考虑，"克林顿家族还是不得不放下个人恩怨，在民主党全国大会上力挺奥巴马：毕竟民主党是克林顿家族几十年来苦心经营的政治舞台，他们可以输掉党内初选，但不能做'输家'"；而希拉里要想"东山再起"，也不能出于个人私心而漠视民主党的大业。但即便如此，克林顿和希拉里在民主党大会上的演讲稿，也是直到最后一分钟才送到奥巴马阵营的手中。

在民主党大会的演讲中，希拉里劝导自己的支持者帮助奥巴马竞选、为他投票："我想让你们问问自己：你们仅仅是为了我而竞选，还是为了那些年轻的战士以及和他们类似的人，还是为了那些一边和癌症抗争、一边艰苦抚育孩子的妈妈们？以及那些和母亲相依为命的孩子们？……不管你

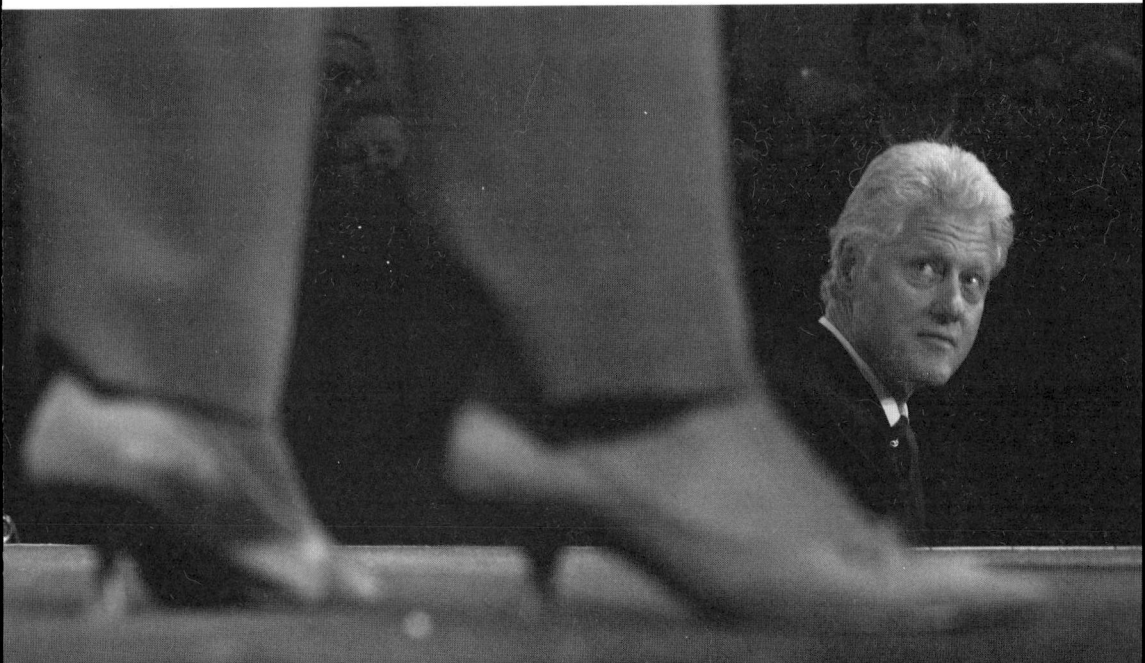

2008 年 3 月 20 日，在民主党初选战中克林顿在一旁观看希拉里的演讲

过去是为我还是为巴拉克投票，现在是凝聚成一股力量为共同目标奋斗的时候了。我们处在同一个团队中，没有人可以置身事外。……他(奥巴马)就是我的候选人。"

克林顿更大方一些，他在演讲里15次提到奥巴马，甚至用了"奥巴马总统"一词。克林顿讲了20分钟。克林顿说，许多美国人的梦想已经破碎，美国在国际上的领导地位受到削弱，下届总统的工作就是让人们重温美国梦想，重振美国在世界上的领导地位。他称奥巴马"已经准备好成为国家领导人并恢复美国在世界舞台的领导地位"，"美国需要一个总统重建美国梦，重塑美国人在世界上的名声，而奥巴马正适合这个工作"。最后，克林顿说，根据他在白宫八年的工作经验，奥巴马就是能做好这一工作的人选。

克林顿夫妇没有跟民主党对着干。他们选择了服从，选择了支持奥巴马。无论他们心里有多么不甘心，无论希拉里的支持者心里有多么不甘心，他们还是放下了身段。希拉里和克林顿在大会上的演讲堪称美国政坛近年来最精彩的演说。政治评论家对克林顿夫妇连续两晚的表现给予极高评价，称两人是"大师级"的政治人物。

"奥巴马的当选能让世人认识到美国的多样性和巨大潜能"

奥巴马必然当选的迹象早就显示出来了，而且在持续积累。在金融大亨索罗斯早早宣布支持奥巴马后，美国"股神"沃伦·巴菲特也在2008年5月19日说，他支持美国民主党总统竞选人巴拉克·奥巴马。巴菲特说，无论是民主党人还是共和党人当选总统，他们都会在经济方面做得不错，"但我强烈倾向于民主党人当选"，"如果奥巴马当选美国总统，我会感到非常高兴"。我们不知道这些大亨们作出决策的过程和幕后背景是什么，但是我们可以推测这些大亨们一定有着独特的信息渠道并且做过深思熟虑。

在一次针对下任总统的外交政策建言会上，共和党籍的贝克和鲍威

2008 年 9 月 27 日，奥巴马和他的竞选搭档，副总统候选人拜登在北卡州向支持者挥手致意

尔以及民主党籍的奥尔布赖特都同意，民主党籍的奥巴马如果当选将具有正面意义。在克林顿内阁担任国务卿的奥尔布赖特说："我认为这将传达一些重大的讯息，让人认识到美国在多个问题上的立场，以及美国的多样性和巨大潜能。我个人当然支持奥巴马。"曾在布什首任期间担任国务卿的鲍威尔说："毫无疑问，这将传达那种讯息。我认为那会是振奋人心的"，"但同时，我们国内也必须作出判断，看哪一个候选人具有适当的经验和判断力，来担当这个责任，以及谁当选对美国最有利"。

美国人选奥巴马显然是看好这样一个活的样板，奥巴马向全世界昭示这样一种美国价值观，那就是，即使你是一个外国留学生的后代，即使你是少数族裔出身，只要你肯努力，你就可以在美国实现自己的人生理想和价值追求。同时，奥巴马年纪轻轻就可以登上美国总统的宝座，这一点，对于吸引美国之外的优秀人才特别是年轻人才具有很大的说服力。一个来自非洲的黑人妇女在获知奥巴马获得提名说："从今天起，我的儿子再也不能对我说因为肤色的原因，他再怎么努力也没作用了，因为奥巴马树立了一个标杆。"

总之，奥巴马生逢其时，足堪担当"新美国梦"的代言人。奥巴马的成功将向世界宣布：美国仍然是一个神奇的国度，美国仍然是一个追逐和实现梦想的乐土，如若不信，请看奥巴马。奥巴马的当选也必将大大提升美国的软实力——在美国的软实力已经被共和党严重摧毁的时候，这种恢复和提升显得尤为宝贵。

三、"爱国不必整天挂在嘴上"

■ "奥巴马,你为什么不在胸前系上国旗别针?"
■ "爱国主义是流氓无赖的最后藏身处"

"奥巴马,你为什么不在胸前系上国旗别针?"

2008年总统大选中,有人拿爱国问题大做文章。奥巴马主张从伊拉克撤军,抛弃布什的单边主义路线,与伊朗、古巴等美国的宿敌谈判,被保守派攻击为"向恐怖分子投降"。奥巴马是基督徒,有人却强调他的中名"侯赛因"(Hussein),宣扬他身穿传统穆斯林服装访问肯尼亚的照片,暗示他与伊拉克前总统侯赛因和伊斯兰教有联系,针对这些纷扰,奥巴马明确地宣布:"在这次竞选中,我决不会怀疑别人的爱国主义;但当其他人置疑我的爱国主义时,我也决不会置若罔闻。"

2007年10月3日,艾奥瓦州的一个地方电视台记者当面质问奥巴马为什么不在胸前系上国旗别针?奥巴马如实回答:"'9·11'恐怖攻击事件发生后,他曾系了一段时间,后来不系了。"奥巴马认为,国旗别针取代了真正的爱国主义,他所关心的不是别针问题,而是大家在心里面想些什么,如何对待自己的同胞。他说,表达爱国主义的方式,应该是信守美国的价值与理想。一开始,奥巴马还倔强地表示他不会像华盛顿的一些政客只会装模作样爱国、向军人致敬,但又尽做些对不起军人的事。奥巴马并强调,国旗别针问题是个"虚伪的问题"。

2008年2月24日,奥巴马还在俄亥俄州洛兰的一场新闻发布会上回击了共和党阵营对他爱国心的质疑。共和党人之前批评奥巴马不够爱国,因为一张照片显示,他在唱国歌时没把手放在心口。此外,奥巴马拒绝在衣领上别美国国旗徽章。奥巴马回应说,"有人说我没有资格(竞选总统),因为我唱国歌时没把手放在心口。如果这种说法成立,那么球赛看台上一半人都没有资格","我将用事实回应这个问题,我今天的一切都要感谢这个国家。""我们将看到,什么才是美国人心中真正的爱国"。

但是5月初,奥巴马到印第安纳州竞选时,一名87岁的白人老太太以微弱的声音建议他不妨系上国旗别针,她说:"系上国旗别针,不仅是件好事,而且也不花钱。"从那以后,奥巴马经常系上国旗别针,尤其是当他急需白人蓝领和妇人选票的时候,他不得不向形式主义和象征主义低头。

从根本上说,质疑奥巴马不爱国的人拿出的理由只是奥巴马没有进行爱国的肤浅表演。爱国主义是一种为各国政府和多数民众肯定的价值观,但奥巴马相信一个公民即使爱国也没必要把爱国整天挂在嘴上。那些表面上整天高喊爱国主义的政客很可能在爱国精神方面存在真正的问题。

奥巴马尤其憎恨那些打着爱国的旗号发动对外战争的好战分子。他在自传中说:"在我们的历史上我们不止一次看到爱国主义渐渐变成侵略主义、恐外症、扼杀异议;我们看到信念僵化到自以为是、闭关自守和向他人施暴。"奥巴马反对这种基于狭隘民族主义的虚假的"爱国主义"。

在20世纪最后几十年,在美国以及许多国家的精英人士中出现了越来越严重的非国籍化现象。由于出现了全球经济和全球公司,许多经常在世界各地飞来飞去的精英人士自然越来越认同自己是个地球人而淡化自己的某国国民身份,可以说,伴随着近代史上连绵不绝的战争兴起的民族国家和与之相应的狭隘的爱国主义一定会被历史淘汰,而替代的文化则

2008 年 5 月 2 日,奥巴马在北卡州站立在国旗前向支持者挥手致意

是多元文化主义和多样性的理论在某些精英人士中间大行其道。在美国,这种文化现象更为明显,一些学者攻击美国的民族主义,警告说给学生灌输美国自豪感是危险的,认为强制要求个人认同国家是不可取的。

美国第三任总统杰斐逊曾说过一句名言:"异议是爱国的最高形式。(Dissent is the highest form of patriotism.)"在美国,人们可以公开地安全地批评政府,到书店看看就知道了,就伊拉克战争问题批评美国政府的书很多,但是没有哪一位作者遇到爱国审查问题。奥巴马也说:"对政府的政策持异议并不等于不爱国","当我们的法律、我们的领袖和我们的政府背离了我们的理念,普通民众表示异议可能就是爱国主义的一种最真实的表现"。所以,民权运动领袖马丁·路德·金,六十年代反对"越战"的人士,前不久勇敢揭露巴格达监狱虐待囚犯的美军,反对布什的伊拉克政策的人士,都是真正的爱国者。

在美国,商界、金融界和学术界的很多精英正在无国籍化,他们将跨国身份和世界主义置于民族出身的特性之上。这一点与中下层的美国人时而高涨的爱国热情有明显的分野。在"9·11"事件发生后,美国人在聚会场合高喊的口号是"上帝保佑美国"。这样一来,美国一部分精英人士轻视国民身份而重视全球身份和跨国身份,与公众仍然高度重视民族主义和爱国主义价值观的态度就形成越来越大的背离,但是到目前为止美国人对此尚能做到相安无事。奥巴马骨子里渗透的是精英文化,他当然不愿意做拙劣的爱国主义表演,除非出于无奈,在大选投票越来越迫近的时候,他也学着在胸前别起了美国国旗。

奥巴马喜欢以自身的经历说明自己对爱国主义的看法:"当我还是个孩子时,我和母亲在海外居住了一段时间。我最早的记忆之一是她给我读《独立宣言》的第一行字,解释其思想如何被应用到每一个黑皮肤、白皮肤和棕色皮肤的美国人身上。她教会我,那些字句和美国宪法中的字句保护我们免遭在国外那些日子所目睹的其他人所遭受的野蛮、不公正待遇。"其实,爱国首先是一种情感而非政治化的"主义",有人说"我爱国,是因为我的父母生活在那片土地。我爱国,是因为我的父母埋藏在那片土地。也许,统治者并不爱我,也不爱我的父母。但是,谁也不能剥夺我爱国的感情,剥夺我的祖辈,我的父母曾经生活过的那片土地"。奥巴马出生在美国,又在美国接受了最好的教育,当他从印尼回到夏威夷上中学之后,他母亲曾经想把他再带回印尼,以便母子能朝夕为伴,但已经习惯了美国的生活环境和教育环境的奥巴马不想离开美国,这才是最最单纯的爱国情感。质疑奥巴马是否爱国完全是个虚假问题。

在奥巴马的自传《大无畏的希望》中,奥巴马曾这样自我形容:"作为一个血管中流淌着非裔血液的美国人,我对美国的爱太深切了,我为她的发展投入了太多的精力,我太沉浸于这个国家的习俗,她的美甚至她的丑。"

"爱国主义是流氓无赖的最后藏身处"

　　美国政治家塞缪尔·约翰逊(Samuel Johnson)说过一句名言："爱国主义是流氓无赖的最后藏身处。"(Patriotism is the last refuge of a scoundrel.)他批评的正是这类滥用爱国主义的政党和政客。奥巴马在爱国主义问题上不肯做表面文章,正是他与一般庸俗政客的根本区别,否则,一个纯粹为了拉选票的政客是不会错过只需举手之劳的爱国主义表

奥巴马参加"9·11"恐怖袭击事件纪念活动

演的。

2008年6月30日,在7月4日美国独立日前夕,奥巴马开始了他为期一周的"爱国主义巡回演讲"。像选择暗含深意的"团结城"与希拉里会面一样,奥巴马演讲的起点定在了密苏里州的"独立城",这也是前总统杜鲁门的家乡。

这天上午,在四面美国国旗简单鲜明的背景下,奥巴马运用他卓越的演讲才能,向美国人民表述他对"爱国主义"的理解,他严厉谴责美国过去和现在那些打着爱国主义旗号、排斥和攻击异己以售其奸的各种言行:"在美国历史上,遇到重大的问题时,后来被证明影响深远、地位崇高的人当时常常被指责为'不爱国'。托马斯·杰弗逊被联邦党人斥为投靠法国的'卖国贼';而反联邦党人则说约翰·亚当斯勾结英国,妄图重建君权。类似的,哪怕是历史上最有智慧的总统,也常常因为作出了有争议的决策而被指为卖国:亚当斯的《外籍人士和煽动叛乱法》;林肯暂停《人身保护令》;以及罗斯福在'二战'中对日裔美国人的拘留。所有的决议在当时都用'爱国主义'的论调护身,持不同政见者就被贴上'不爱国'的标签。换而言之,在政治中把爱国主义'既作矛,又作盾'的历史和共和国的历史一样长。""我们的政治常常陷于老套的问题,就像最近关于伊拉克战争的讨论所表现的一样,反对行政决定的人被说成是'不爱国',提出最好建议的人被说成是'被叛'。尽管如此,我们的共识是,没有一个政党,或者政治哲学,可以拥有对'爱国主义'的垄断解释权。"

奥巴马指出,"今天,大多数美国人不会再为这样简单、非黑即白的世界观所左右。他们知道,持不同政见不表示他们不爱国。"美国幽默文学作家马克·吐温曾经说过,"说爱国主义就是要支持祖国,这个我无条件赞成;但支持政府,我要看她做得好不好。"奥巴马在演说中引用了这句话。

奥巴马同样反对把领袖崇拜混同于爱国主义:"爱国主义永远不能定义为忠于任何领袖、政府或政党。"反过来说,那些对政府、执政党持异议的民间人士也可能是真正的爱国主义者。外国移民一旦要加入美国国籍,必须口念一段誓词:"我在这里郑重宣誓:完全放弃我对以前所属任何外

国亲王、君主、国家或主权之公民资格及忠诚,我将支持及护卫美利坚合众国宪法和法律,对抗国内和国外所有的敌人。我将真诚效忠美国。当法律要求时,我愿为保卫美国拿起武器,当法律要求时,我会为美国做非战斗性之军事服务,当法律要求时,我会在政府官员指挥下为国家做重要工作,我在此自由宣誓,绝无任何心智障碍、借口或保留,请上帝保佑我。(Hereby declare, on oath, that I absolutely and entirely renounce and abjure all allegiance and fidelity to any foreign prince, potentate, state, or sovereignty of whom or which I have heretofore been a subject or citizen; that I will su

ort and defend the Constitution and laws of the United States of America against all enemies, foreign and domestic; that I will bear true faith and allegiance to the same; that I will bear arms on behalf of the United States when required by the law; that I will perform noncombatant service in the Armed Forces of the United States when required by the law; that I will perform work of national importance under civilian direction when required by the law; and that I take this obligation freely without any mental reservation or purpose of evasion; so help me God.)"从这段誓词来看,它没有强迫新入籍的公民必须效忠某个人或某个政党,而只要求一个公民必须宣誓忠于国家遵守法律。

奥巴马也强调,真正的爱国主义者必须信奉并坚持《独立宣言》和美国宪法的规定。在奥巴马的心目中,爱国的真正境界是热爱那些使美国得以创立的一些最初的信念,而法律正是这些信念的体现:"这是美国真正的天才之处——简单梦想中的一个信念,小小奇迹中的一种坚持。这种理想让我们可以在晚上喂饱孩子并且知道他们有吃的有穿的、免受伤害;让我们可以畅所欲言而不用担心半夜有人突然敲门;让我们可以产生一个想法然后不用行贿就能开办自己的公司;让我们不用担心受惩罚就能参与政治进程;让我们的选票作数。"对于奥巴马来说,认同并忠实履行这些信念,就是合格的爱国主义者。

四、"他比白人还白"

- "他真的值得信赖吗？"
- 奥巴马本人及其女儿读的都是白人居多的私立高中
- "理想主义的傲慢是自由派最让人不放心的地方"
- "我恨不得阉了奥巴马"
- "我当选后，你也来当我幕僚吧"
- "奥巴马会步肯尼迪的后尘吗"

"他真的值得信赖吗？"

在刚刚进入初选的时候，奥巴马的形象清新有活力。在初选前六周的时间里，美国人民知道了以下的事实：他参加的教会牧师是个反美国分子，他对于曾经在越南战争时期炸毁一座美国大楼的恐怖分子"态度友好"，而且他对于工人阶级的普通日常生活看起来毫无感觉。所有的这一切都加深了尤其是那些缺乏高学历的白人们的怀疑情绪：这个年轻没有经验的非裔美国人，说话中带有自大情绪的人，真的值得信赖吗？

2008年4月11日，美国《赫芬顿邮报》网站刊登了一段奥巴马私下里回答自己为何难以获得宾州工人阶层选民支持的言论。奥巴马说，这些选民对经济状况感到沮丧，因此"心中有气"，"死抱枪支和宗教问题"，"憎恶与他们不同的人"，"借反对移民和贸易泄愤"。此言一经登出，奥巴马便被扣上蔑视宾州工人选举和精英主义者的帽子。民主党竞选人希拉里批评奥巴马的言论是自命不

他能击中目标吗？奥巴马利用竞选的空隙时间玩保龄球

凡、脱离民众，不能"反映美国人的价值观和信念"，"人们不需要一个看不起他们的总统"。

2008年6月20日，奥巴马阵营推出一份广告，以奥巴马自白的方式说："我是巴拉克·奥巴马。美国是一个重视家庭和价值的国家。我一生受益于这种理念。我是被单身母亲和外祖母养大的。她们的钱不多，但她们教导了美国内地堪萨斯州的价值观——勇于负责和自力更生，爱我的国家，工作努力，不借故推托……"电视画面上的奥巴马穿着一件深色衬衫，上面别着一枚国旗胸章。镜头一转，奥巴马的母亲和外祖父母出现了，他们都微笑地看着童年的奥巴马。令人注意的自然是，他们都是白人。奥巴马强调的重视家庭和传统价值，其实不是非裔的主流价值，而是正宗白人的主导思想。

身为黑人，骨子里却是白人的思维，这就会让黑人和白人都不放心：黑人会问，他真的是我们"黑人兄弟"中的一员吗？怎么觉得他比白人还白呢？白人也会疑惑：他终归还是个黑人！

奥巴马本人及其女儿读的都是白人居多的私立高中

1971年的时候，10岁的奥巴马从印尼返回夏威夷。在外祖父的努力下，奥巴马得以进入当地的一所贵族私立学校畔拿荷学校就读。奥巴马在那里插班五年级，一直读到1979年毕业。这所学校里只有三位黑人学生，其他学生大多数是白人或黄种人，他们都来自夏威夷的富庶家庭。在大学阶段，奥巴马夫妇是毕业于"常青藤"大学的社会精英，与一般美国中产阶级的教育背景也是相去甚远的。

若干年以后，奥巴马有了两个女儿，她们上的也是一般白人家庭都不敢问津、收费昂贵的私立高中。2007年11月30日，《华尔街日报》在《如何进入哈佛》的调查中曾评选出了四十所高中(既有私立高中，又有公立高中)的排名，前十名都是为进入精英大学做准备的私立寄宿学校。

奥巴马的两个女儿在名列前五名的芝加哥大学实验中学读书，接受的完全是精英教育。在这里，一个孩子一年的学费高达2万多美元，往往等于普通美国家庭一年的可支配收入。我们比较一下排名前五位的私立学校的最主要指标就知道这些学校有多精英：

排名第一的是位于纽约曼哈顿的私立男校Collegiate School，每年学费$29100.00。Collegiate的毕业生中出过大量的著名演员，剧作家，诗人。美国总统肯尼迪曾在这里从一年级上到十年级。

排名第二的是位于纽约曼哈顿的女校Brearley School，每年学费$31300.00。Brearley School是Collegiate School的姐妹学校。美国总统肯尼迪的女儿卡洛琳·肯尼迪毕业于该校。

排名第三的是位于纽约曼哈顿的女校Chapin School，每年学费$29100.00。美国总统肯尼迪的夫人Jacqueline Kennedy Onassis、约旦皇后Noor毕业于该校。

排名第四的是位于洛杉矶的Polytechnic School，每年学费$23750.00。

奥巴马

约翰·克里
民主党参议员

拉里·萨默斯
前财政部长

希拉里
前第一夫人

哈格尔
共和党参议员

鲍威尔
前国务卿

鲁格
共和党参议员

琼斯
北约前任指挥官

沃克尔
前美联储主席

卡洛琳·肯尼迪
前总统肯尼迪之女

Polytechnic的很多毕业生成了作家，演员，制片人，导演。

排名第五的是位于伊利诺伊州的芝加哥的University of Chicago Lab Schools，简称Lab Schools，附属于芝加哥大学，有一半以上的学生的父母在芝加哥大学工作，每年学费\$20445.00。奥巴马的两个女儿现正在Lab Schools上学。

入读这些学校的孩子，未来成为社会杰出人才的可能性也比一般家庭出身的孩子高。从子女受教育的情况来看，奥巴马的两个孩子也和当年有幸入读畔拿荷学校的奥巴马一样堪称"比白人还白"。一般蓝领阶层的白人接触这样的精英家庭都会觉得格格不入，更何况"黑人兄弟"呢？

"理想主义的傲慢是自由派最让人不放心的地方"

奥巴马是一位民主党人，更是一位民主党精英。对于美国大众来说，民主党的精英有个让老百姓不当心的地方：他们太左了，比如爱德华·肯尼迪就是"左派"的旗帜，从奥巴马的投票记录看，奥巴马的政治立场也很左，民主党"左"倾的标志是：对内搞"大政府"和"平均主义"，对外与反美政权和恐怖主义谈判。加州是美国典型的"蓝州"，但是也有加州人说准备投票给麦凯恩，他们"希望民主

奥巴马与支持者打成一片

党失去加州55张选举人票"，这样可以"好好惩罚一下这些极左的民主党精英"。

精英主义为什么惹人生厌呢，因为有不少选民忍受不了他们基于理想主义而不经意间流露出来的傲慢，好像他们是救世主一样。以希拉里为例，不管什么问题，希拉里总是胸有成竹、滔滔不绝。在全民医保问题上，希拉里十几年前凭着丈夫的势力和地位进行的一次失败的医疗保健改革给人们留下了恶劣的印象。那次改革是"明知山有虎，偏向虎山行"，明知道难以取得成功却非要不切实际地推行，结果只能惨败。总之，这种"理想主义的傲慢"是自由派最令人不放心的地方。

一旦满脑子自以为是的精英们掌握权力，他们可能固守他们从书本里学来的僵化的原则，然后以真理在握的傲慢，在不了解底层实际矛盾的情况下错误拍板决策，来强行推行不切实际的政策，最后把事情搞砸。

全盘接受美国精英们的政策主张贸然实施的国家也会深受美国精英主义的祸害。叶利钦时代的俄罗斯和20世纪初的菲律宾就是这样的典型。美国精英针对俄罗斯的"休克疗法"让俄罗斯二十年才稍稍缓过劲来，美国精英针对菲律宾的"农村现代化"造成今天菲律宾人大量外出做女佣。

1898年，美国从西班牙手中接管菲律宾。在美国的影响下，菲律宾师从美国，在农业和农村现代化道路的选择上，精英阶层坚定认为，农业和农村的现代化必须依靠资本的力量改造小农和农村。

在菲律宾政府和知识精英的主导和支持下，西方农业跨国公司和本国资本家控制菲律宾农业和农村的金融保险、土地交易、农产品加工、流通、仓储、生产资料生产和销售、技术服务和基础设施等诸多领域。农民只能从事种植业和养殖业，大量自耕农和佃农在大公司的挤压下破产，被迫失去土地，只能做资本家的农业工人。

随着技术的进步，农业资本家和地主所需要的农业工人越来越少，大量的失地和失业农民涌进了城市。但"韩战"的结束和冷战的趋缓，使城市的就业岗位趋于减少，进城的很多"农民工"找不到工作，失业问题转化成社会问题和政治问题，军人走上政治舞台，政局不稳、社会动荡、经济衰

退,反过来失业更加严重,导致恶性循环。菲律宾的劳动力源源不断输出日本、韩国、中国台湾、中国香港及世界各国和地区,菲佣成为菲律宾整个国家的"名片"。

从20世纪六十年代中期开始,菲律宾经济衰退、社会动荡、政局不稳,人民生活日趋艰难。今天的菲律宾,有30%的人生活在贫困线以下,每10个菲律宾人中就有一个背井离乡,总计约有800万人在海外打工,仅在香港就有70万接受过高等教育的菲律宾女佣。直到今天,菲律宾的经济和社会发展水平,特别是农村的发展水平也相对落后于周边国家。

2008年美国的金融危机已经证明华尔街的"精英"们的见识和能力究竟是怎么回事,而他们造成的破坏力又有多么的严重。美国的"精英"除了在美国本土为祸外,接受美国的"精英"老师的"精英"教育的外国学生们、特别是新兴经济体的那些从美国留学归来的"国际化精英"们也常常会把他们自己的祖国弄得乌烟瘴气。中国学者吕宇斐曾经研究墨西哥媚美"精英"们给墨西哥带来的灾难:20世纪八十年代,墨西哥不断涌现了一批"国际化精英",彻底改变了墨西哥的发展方向。如今,墨西哥自赞全球化最彻底、对外最开放,已经脱拉入美,彻底变成了美国的附庸。然而,真实的经济情况其实很悲惨,农业几乎完全破产,工业几乎全由外资掌控,金融业基本全属美欧机构。由于政治经济过度媚美,完全游离在拉美大家庭之外,不受拉美国家的欢迎,对拉美几乎失去了所有影响。发展中国家的"国际化精英"们究竟是些什么样的人呢?吕宇斐回答道,这个群体有两个特点:"第一,他们不是树木,而是蒲公英。他们没有根,可以随风飘,他们没有祖国,没有民族,哪里有他们的饭碗,他们就会到哪里;第二,他们一生只为一种共同的宗主服务,那就是国际大财团,大投行。这些机构属于哪国,他们实际就会服务哪国。也就是说,哪里有养分,他们就吸附在哪里。说白了,就是被西方经济学洗过脑,一切为了追求个人利益的最大化,一切为了追求个人的最大金钱财富。"

接着再说美国"精英"们的"理想主义"问题。美国的精英们头脑一热,就会炮制出不切实际的新名词,最新的例子是所谓"民主国家联盟"。2006

年9月29日，在普林斯顿大学伍德罗·威尔逊公共与国际事务学院的主持下，一批雄心勃勃的美国学界精英花了三年的时间完成题为《21世纪美国国家安全战略——铸造法治下的自由世界》的报告，《报告》认为，针对冷战以后世界格局的变化，美国国家安全的基本战略目标应当是"铸造法治下的自由世界"，以"保护美国人民和美国的生活方式"。它包括三个具体目标：国土安全、健康的全球经济和良好的国际环境。"国土安全"不仅包括保护美国人民不受外来攻击，而且还包括他们不受致命的全球流行性疾病的侵袭；追求"健康的全球经济"意味着承认它是美国经济繁荣和安全的基础；"良好的国际环境"指各国间的安全合作和自由民主普及的国际环境。

该报告有可取之处，它强调美国今后在追求战略目标时，必须注重软实力和硬实力的结合；以利益而不是以威胁为基础，与其他国家围绕着共同利益建立合作框架；针对国家的预防性战争应尽力避免，除非万不得已。这些看法都是对以"先发制人"和"单边主义"为标志的"布什主义"进行反思的结果。另一方面，报告又对"新干涉主义"给予了肯定，它提出，为了替自由、民主创造前提条件，美国必须帮助在世界上建立受拥戴的、负责任的、尊重人权的政府，要求所有的国家都承担保护其本国公民免受"可避免之灾害"的责任，而当主权国家不愿意或没有能力履行这项职责时，国际社会必须代其行使这项职责。

此外，该报告还建议建立一个联合国之外的组织——"民主国家联盟"，其意图是当出现全球或地区威胁时，在以联合国为主的国际体制之外，还有一个其成员国价值观和目标一致的国际组织能够挺身而出，承担起维持世界秩序的责任。这个"民主国家联盟"实质上并没有把中国、俄罗斯以及阿拉伯、伊斯兰世界包括在内，这样又可能疏远美国与"民主国家联盟"之外的国家之间的关系，甚至导致世界被划分为对立的阵营。

若奥巴马当选，该报告两位主持人之一，美国威尔逊学院院长安妮·斯劳特很有可能成为新任总统的国家安全助理，如果真是这样的话，那么美国的外交政策也要走弯路了，而世界可能又要深受美国精英主义的祸害。

Barack Obama

"我恨不得阉了奥巴马"

奥巴马也遭到美国资深黑人领袖的狠批。美国黑人民权领袖杰克逊（Jesse Jackson）有一回接受访问时，不小心说漏嘴指责奥巴马看扁黑人："奥巴马以高高在上的姿态向黑人训话……我恨不得阉了他。"（Barack's been talking down to black people…… I want to cut his nuts off.）由于电视台播出了这段谈话，杰克逊事后公开道歉，但他仍然批评奥巴马对如今黑人社区的疾苦了解不足，关心不够。奥巴马的发言人表示，奥巴马接受了杰克逊的道歉，在两党竞选阶段，奥巴马常常到到黑人教会演说，多以个人责任为主题。2008年父亲节的时候，奥巴马在芝加哥一家教会发表演说，呼吁为人父者要负起教育子女的责任，他在演讲中有这么一句话："笨蛋也可以生孩子，有孩子不等于你便是父亲。"此话被一些黑人认为是在教训他们，目的是为了拉拢白人共和党选民，因此引起黑人的情绪反弹。

也并非所有的黑人都支持奥巴马。2008年9月19日，正当奥巴马在迈阿密大学篮球馆的造势集会上发表演讲的时候，观众席的角落突然出现约二十名非裔美国人，他们手持标语："三K党支持奥巴马"，他们大声叫嚣，抨击奥巴马，指责奥巴马出卖黑人社群。警方与特勤人员迅速介入，现场数千名奥巴马的支持者报以嘘声及嘲讽，抗议群众随即被带离现场。

奥巴马1961年生于夏威夷，他的出生地离美国本土大陆很远，奥巴马一直到上大学都从未在黑人圈子里生活过，还是有不少黑人并不认同奥巴马是他们的代言人。也正因为如此，目光远大的奥巴马在大学毕业后不久就舍弃了在华尔街的高薪体面工作，来到一个有很多黑人的城市芝加哥来开拓自己的人脉和"根据地"。历史将证明，他的这一选择是多么有战略意义。如果没有那个时候倾力为贫民区的黑人服务积攒下一点政治资本，今天的奥巴马将只能是一个待在公司高层或某研究所里的高管或高级专业技术人员，在政治上肯定会被边缘化。

"我当选后，你也来当我幕僚吧"

说奥巴马很精英，还有一个标志就是奥巴马非常擅长深奥的幽默，没有高智商是很难做到这一点的。时至今日，欧美很多贵族学校都把幽默素养当作精英教育的一个重要组成部分，比如英国的伊顿公学就要求学生具备绅士的幽默。在美国的总统中，肯尼迪和里根都是幽默高手，这为他们平添了不少个人风度。

奥巴马的幽默口才也十分了得。在奥巴马和希拉里参加的一次电视辩论中，有现场观众问奥巴马："奥巴马参议员，你旗下汇集了不少前总统克林顿时期的外交顾问、国策顾问和海军军官。你本人的外交经验又非常少，你既然网罗了这么多的前朝旧臣，又怎么能够依赖这些前朝旧臣来实现你改变前朝政治的愿望呢？"听到这个问题，希拉里开心地笑了，她把脸转向奥巴马："我很想听听你的答案。"奥巴马对希拉里说："我当选后，你也来当我幕僚吧！"奥巴马很简单的一句就巧妙地避开尖锐的问题，同时表明自己必胜的决心和自信，还不忘顺带戏谑一下对手希拉里，吃点豆腐。希拉里闻言哈哈一笑不置可否。奥巴马接着解释道："我是不拘一格用人才，不管他来自哪里。"有观众事后评价道"奥巴马这个人，实在不简单。"要想把握幽默的精髓有时候需要直接阅读原文，有关对话的英文原文为：

奥巴马评传

Questioner: Senator Obama, you have Bill Clinton's former national security adviser, state department policy director, and navy secretary, among others, advising you. With relatively little foreign policy experience of your own, how will you rely on so many Clinton advisers, and still deliver the kind of break from the past that you're promising voters?

Obama: Well, the...

Barack Obama

Clinton: Hahaha...

Obama: You know... I am...

Clinton: I wanna hear that. Hahahaha...

Obama: Well, Hilary, I'm looking forward to you advising me as well.

Clinton: （dryly）Hahaha...

Obama: I wanna gather up talents from everywhere.

　　仅仅从幽默口才这一点来看，奥巴马就把希拉里比下去了，也难怪希拉里不是奥巴马的对手。在初选阶段，奥巴马还有一个讽刺希拉里的幽默堪称妙绝。当时奥巴马拿克林顿说过的一句话来反讥党内竞争对手希拉里。克林顿在当选总统时说过希望他能成为一道"通往21世纪的桥梁"（to build a bridge to the 21st century），但现在前第一夫人参选，美国有可能出现另一个政治家族，历史仿佛在走回头路，退回到中世纪的封建世

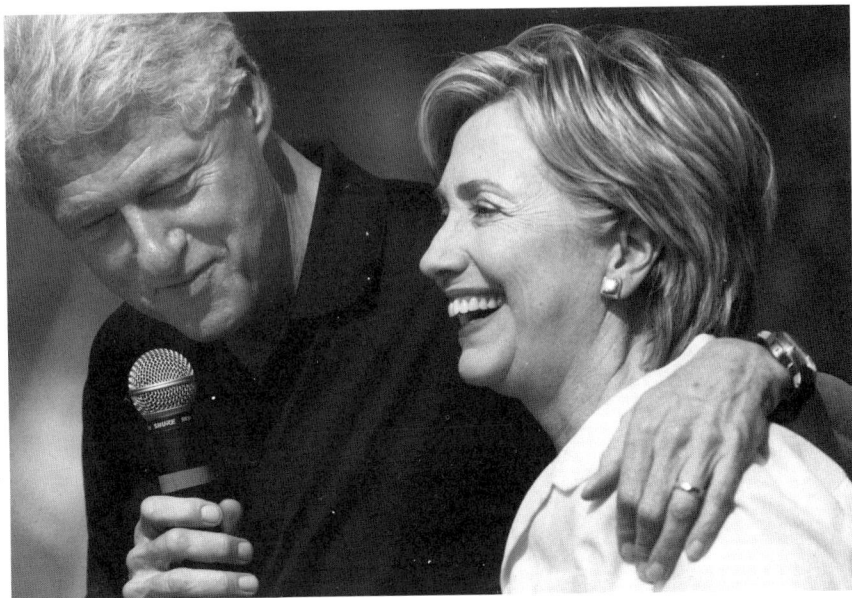

克林顿与妻子希拉里在竞选集会上

袭王朝。2008年1月30日于丹佛大学举行的竞选集会上，奥巴马嘲讽克林顿夫人希拉里"只想倒拨时钟，建造一道退回到20世纪的桥梁"（Simply turn back the clock and to build a bridge to the 20th century）。奥巴马这句反讽可谓一下子打中了克林顿夫妇的七寸。英美大选，历年佳句甚多，是学习英文的大好时机，到目前为止，奥巴马这一句可以列为本届的最佳幽默。

初选阶段，克林顿为希拉里助选很卖力，这引起奥巴马阵营的不满。克林顿与黑人社区关系向来不错，美国小说家托尼·莫里森称他是美国"第一位黑人总统"。有一次，一位主持人问奥巴马，是否同意莫里森的说法。奥巴马先是赞扬克林顿对黑人不错，但随后的回答引来观众一阵大笑。他说："我必须对此多做一些测试，比如说克林顿跳舞的能力之类，然后才能判断克林顿到底是不是我们黑人兄弟一伙的。"

"奥巴马会步肯尼迪的后尘吗"

在奥巴马竞选总统的过程中，已经发生过一次针对奥巴马的刺杀未遂的新闻，当时有3名枪手已经准备好了武器，正在酝酿谋刺的时机，幸而美国警方及时地侦破了刺杀阴谋，3名嫌疑犯被警方绳之以法。黑人竞选美国总统，这总会让一些人感到不舒服。当年鲍威尔将军也因为民望高起而动了竞选总统的心思的时候，他的夫人就因为担心他的安全而竭力反对，她说："我不想公布那些我收到的恶心的信件"，大概那些信件中充斥了对一名黑人胆敢问津美国总统宝座的污蔑和威胁言论。鲍威尔的夫人威胁鲍威尔说，"如果你非要竞选，那就先和我离婚。"鲍威尔遂打消了成为美国第一位黑人总统的念头。

今天，毫无疑问，在种族主义仍有市场的今天，一定会有人对奥巴马越来越逼近总统宝座而感到越来越不自在，这些人当中一定不乏想把奥巴马置之死地而后快的人，那么，究竟更有可能发生白人因为仇恨黑人当总统而行刺的事件，还是更有可能发生黑人因为奥巴马骨子里太"白人化"、觉得奥巴马没有资格为黑人代言而行刺的事件？抑或可能发生某些嫉恨精英主义的人因为奥巴马是个"精英"而行刺的事件？我们还不得而知。

奥巴马因为具有巨大的魅力而被称为"肯尼迪第二"，而约翰·肯尼迪却在1963年11月22日在达拉斯遭到刺杀身亡。24日，被指控为凶手的奥斯瓦尔德在押解途中又被一家夜总会的老板杰克·鲁比刺杀，此案的原委遂成为未解之谜。

奥巴马因为本身有黑人血缘，又打破了本届选战中人们的预期，而奥巴马如果最终当选更打破了美国政坛的"瓦斯普"传统，即美国总统只能由白人盎格鲁—撒克逊新教徒担任，一定有很多既得利益者视奥巴马为眼中钉肉中刺，加上白人至上主义者对奥巴马的仇恨，奥巴马的最终命运会不会也像信奉天主教的肯尼迪一样呢？

随着奥巴马成为美国历史上首位黑人总统候选人，"刺马"的传言就开始沸沸扬扬起来，调查显示，近6成美国民众担心奥巴马会被暗杀。追踪白人至上主义网站和通讯的单位报告说，奥巴马宣布获民主党提名后，白人至上激进分子也活跃了起来。乔治亚州一本杂志最近的封面，是奥巴马被狙击镜十字瞄准锁定的画面。内文引述一名白人至上主义者的话说："一些白痴会干掉那个能言善道的魔鬼，接着会爆发种族战争"，"我们运动里的某些人已准备一战，祈祷战争早日发生"。

被警方破获的意图暗杀奥巴马的某位凶手

日前网上有人发表短篇小说《奥巴马之死》预言奥巴马被暗杀的命运。小说中有个J博士，这个人物形象颇有常为共和党的选战出阴招的卡尔·罗夫的影子。小说仅两千字,却把奥巴马目前的困境刻画得淋漓尽致,结局是奥巴马遇害,希拉里当上总统。故事纯属虚构,却并非空穴来风。

关于暗杀的谣言会动摇部分摇摆的选民投票的决心,奥巴马的竞选顾问曾告诉《纽约时报》,他们几乎每天都要调查各路谣言,并把如何回应对手的攻击,变成"一门艺术"。2004年选战期间有不少关于布什及克里的失实传言流传,2008年有关奥巴马的网上谣言"更是恶毒",指认奥巴马是伊斯兰原教旨主义者的奸细,互联网上一度盛传奥巴马是一个试图摧毁美国的伊斯兰教徒,还说他小时候曾在一所极端宗教主义学校就学。但事实是,那只是所普通宗教学校。

此后,网上又有传言说,米歇尔在芝加哥教堂曾发表过谴责白人的言论,包括使用了"whitey"这一包含贬义的字眼,结果被人录了音,有美国的网民披露说,卡尔·罗夫手里有录音副本,共和党将在10月播出录像带,引爆"10月惊奇"。而前面所说的那篇小说没准也是共和党的策划,甚至就是卡尔·罗夫本人捣的鬼。

甚至希拉里也曾模棱两可地发出过奥巴马可能会被暗杀的"预言",2008年5月下旬的时候,"打不死女郎"希拉里大势已去,但还在做最后的顽抗。5月23日,希拉里在南达科他州与当地媒体《守卫领袖报》编辑见面谈到自己不退出竞选的原因时说:"我的丈夫1992年参加竞选时,直到6月中旬赢下加利福尼亚州预选才确保提名","我们还都记得,博比·肯尼迪(罗伯特·肯尼迪)6月在加利福尼亚遇刺"。1968年6月6日,美国前总统约翰·肯尼迪的弟弟、民主党总统竞选人罗伯特·肯尼迪在赢下加州预选后遭枪击身亡。希拉里的潜台词是提醒选民们考虑,奥巴马有可能被暗杀,你们考虑一下还要选他吗?希拉里的这种威胁选民的手段在其初选过程中的所有手段中是最卑鄙的。让我们来分析一下:任何美国总统竞选人和候选人都可能被暗杀,希拉里的言论显示她已经认真地考虑过奥巴马被暗杀的可能性——如果奥巴马并不比其他候选人有更多被暗杀的可能性,那么希拉里没有必要特别提到暗杀问题;现在希拉里主动提到一位前民主党总统竞选人被暗杀的事,很显然她并不是在暗示她自己面临的风险比别人多，那么结论只能是，希拉里认为奥巴马被暗杀的可能性比她大，这显然是在威胁支持民主党的选民，你们别选一个比我更有可能被暗杀的候选人，否则你们的希望和那位总统候选人的"希望"都会泡汤。进一步追问，希拉里凭什么认为奥巴马更容易被暗杀呢？奥巴马是一名男性，希拉里是女性，女性首次打破性别界限冲击美国总统这个最高行政职位应该比男性竞选人更容易被极端分子视为异端而遭到暗杀，所以希拉里暗示奥巴马更可能被暗杀的理由只能是因为奥巴马有非洲黑人血统，这就等于说希拉里毫无忌惮地公开表达黑人总统竞选人更可能或更应该被暗杀——这不是赤裸裸的种族歧视吗？希拉里是不是有点巴不得奥巴马现在就被暗杀呢？她为什么要挑起这个恶毒的问题呢？如果不是为了宣泄恶毒的妒忌心理，她又何必含沙射影通过揭肯尼迪家族的伤疤、伤害肯尼迪家族来这样警告奥巴马和选民呢？希拉里已经因为黑人在初选中对她的支持不够而彻底地抛弃了黑人，她的言论已经不再顾忌黑人的情感反应，希拉里在强烈揭示奥巴马的肤色，是企图强烈地唤醒美国白人心中渐渐淡化的种族偏见？我们真的怀疑希拉里究竟是生活在21世纪还是19世纪？这是对马丁·路德·金和林肯的挑衅，是对美国民权运动的挑衅，是对美国黑人和白人的共同挑衅。

希拉里的影射令奥巴马阵营十分愤怒，奥巴马的发言人比尔·伯顿说，希拉里的发言令人遗憾，竞选中不应该出现这样的言论。2008年5月23日下午，希拉里出面表示道歉，但道歉对象针对肯尼迪家族。她说："如果我提到的那起灾难事件对全国、尤其对肯尼迪家族构成冒犯，我感到抱歉。不管怎样，我绝对没有恶意。"可是谁信她呢。《华盛顿邮报》主笔利比·科普兰24日撰文称，"明智的竞选人不会提及对手遇刺的可能性。""希拉里打破了两个禁忌。首先，作为黑人总统竞选人，奥巴马宣布参选开始，他的支持者就担心他可能成为种族主义者的仇视目标；奥巴马本人也早早申请了联邦特工处的人身保护。其次，作为严谨自律的总统竞选人，在种族隔阂尚未消除的美国社会，希拉里没有意识到这番言论的敏感性。"《华盛顿邮报》说，"经此风波，奥希两人搭档竞选总统的可能性进一步降低。"

回顾美国总统竞选的历史，在初选中获胜的竞选人常常会主动向输家抛出橄榄枝，好让一个分裂的党重新凝聚在一起。1960年，肯尼迪在初选中击败约翰逊后，便主动向他示好并将其列为竞选搭档，虽然两个人就像水与火那样。1980年，里根挑选老布什一起竞选，但两人的关系从未亲近过。2004年，克里也选中初选对手爱德华兹为助手，尽管双方的僵硬关系至今仍未消失。现在希拉里在奥巴马胜利在望的时候不念叨橄榄枝也就罢了，却继续亮出剑锋，可见其人的权力欲是多么的旺盛，其内心是多么不甘心失败。如此渴求权力，似乎不符合一名真正的政治家的风度。尼克松评价戴高乐说，他并不想为当总统而当总统，只有在他觉得唯独他能实现国家所需要的领导时，才愿意当总统。

当然，一切关于奥巴马会被暗杀的"预言"毕竟是假说，有一点可以肯定，如果奥巴马真的因竞选总统或当选总统而遇刺身亡，美国黑人的怒火必将延烧全国。

3

The Leader or a Politico?

领袖乎？政客乎？

"只有退潮后你才能发现谁是华尔街的裸泳者"

"唯利是图的公司说客和利益集团腐蚀了民主"

"永远不要对战争胡说八道"

"参议院中最善于拉关系的议员"

一、"只有退潮后你才能发现谁是华尔街的裸泳者"

■ "失败的美国：国力的滥用和对民主的侵害"

■ "雷曼兄弟的垮台给奥巴马送来了及时雨"

■ "制裁抵押财产领域的欺诈行为"

■ "巴菲特：我心目中的候选人是奥巴马"

■ "买得起的医疗保险,付得起的大学学费"

"失败的美国：国力的滥用和对民主的侵害"

美国东部时间2008年9月26日晚8点(北京时间9月27日早上9点),美国民主党总统候选人奥巴马与共和党总统候选人麦凯恩的首场辩论在密西西比大学展开。首场辩论的原定焦点是外交政策与国家安全,这是麦凯恩的长项与得分点。然而,辩论一开始就进入经济领域,并且在长达30分钟的时间里一直就这个问题相持不下,而经济问题相对来说是奥巴马的强项。奥巴马利用首先发言的机会, 立即向对手麦凯恩和共和党发起猛烈的攻击。他说："眼下困扰华尔街的经济危机正是布什政府八年推进经济政策的结果,也是麦凯恩议员支持的结果。所以我们付不起再继续四年的代价。"辩论会后举行的多项民意测验表明,奥巴马在第一回合的较量中以明显优势领先麦凯恩。民调显示,奥巴马的支持率达到50%,遥遥领先于麦凯恩的42%。

当奥巴马接近美国权力核心的时候，美国社会已是问题丛

2008 年 10 月 16 日,艾尔弗雷德-史密斯纪念基金会晚宴当日在纽约举行,奥巴马出席

生。过去的八年是小布什浪费战略机遇的八年。美国为了确保自己石油供应，在既得利益集团的鼓动下冒天下之大不韪发动了伊拉克战争。

自1973年的石油危机之后，历届美国总统都有一个能源自主的梦想和计划，但是直到如今也没有能够真正实现，美国对进口石油的依赖反而越来越严重，以致小布什说，美国有"石油瘾"。为了解决"能源危机"，布什总统成立了国家能源政策研究小组，负责制定一项美国能源的长期计划。研究表明，美国在能源问题上面临着两条道路的重大选择：一是继续沿着过去多年那种大量消费石油的道路走下去，由于国内石油产量越来越少，美国将不得不越来越多地依赖进口石油；二是寻找可供替代的能源，逐步减少对石油的依赖。

奥巴马也曾在一次演讲中说："自理查德·尼克松之后，我们曾听到每一位共和党和民主党总统作出过能源自主的承诺。自1973年石油禁运以来，几乎每次发表国情咨文，我们都曾听到控制化石燃料使用的提议。那时候，我们约三分之一的石油依靠进口，现在则超过了一半。"

美国是世界最大的石油消费国，占世界总数5%的人口消耗着全球42%的能源。作为世界最大的石油进口国，美国对海外石油依赖严重。2008年上半年美国的汽油价格比去年同期上涨了80%，达到每加仑4美元。布什在不同的场合都宣称："如果我们不采取行动，我们的国家将会更多地依赖外国原油，从而使我们国家的能源安全落入外国手中。其中一些国家与我们的价值观并不一致。"

布什政府的中东政策一言以蔽之，便是按照美国自身利益需要，以冷战结束后全球无双的硬实力，来实现"民主改造""价值观并不一致"的国家的软目标。布什总统前发言人麦克莱伦的新书揭露了美国制造的伊拉克有"大规模杀伤性武器"的谎言和发动伊拉克战争的真正动机。美国当初攻打伊拉克的理由是信誓旦旦地保证伊拉克有大规模杀伤性武器，直到萨达姆被绞死，所谓的大规模杀伤性武器也没有找到，美国既不道歉更不撤军，世界对美国的信任遂被布什政府挥霍殆尽。

美国著名政治活动家诺姆·乔姆斯基在新著《失败的国家：国力的滥

用和对民主的侵害》中揭示了美国的腐朽和衰败。他认为,美国在推广民主时言行不一,它支持海外的民主国家是基于美国自身战略和经济利益,这些利益并非美国人民的利益,而是企业精英集团的利益。美国无法"保障国民安全、维护国内外权益、维持民主制度运转",因而美国是一个失败的国家。乔姆斯基认为,如果"无赖国家"的定义是指某国藐视国际法,那么美国长期以来一直是"无赖国家中的无赖国家"。

再看美国国内,也是问题丛生。在最基本的经济问题上,美国欠债太多,有破产的风险。1970年以来,美国的主要问题是债务,越来越多的债务。公司借债,个人借债,国家借债。美国是典型的消费型经济,个人消费开支占了国内生产总值的三分之二。美国中产阶级将贷款消费的魔力发挥到极致。他们用借来的钱维持着风光的生活,如一家两车、好地段的房产、基本医疗保健、让小孩接受好的教育等等。

2007年爆发的次级贷款危机只是一个导火线,苦果早在多年以前就开始酝酿了。在次贷危机前,美国楼市一片大好景象,似乎上涨是惟一不变的趋势。于是,买房不仅是生活的需要,也成了稳定的投资手段,房价继续被推着往上冲。同时,住房也成了上万亿美元家庭贷款的抵押品,而且还可以被重复抵押,好像只要房子在那里,财富就会源源不断地流入。可以说,正是美国人靠着别人的补贴和自己的非理性消费造就了经济持续多年的虚火,也让他们度过了一段幸福时光,但也恰恰是超前消费决定了今天美国经济入不敷出的惨状。债务积累到一定时候,美国会越来越还不起。与此同时,工业贷款、市政债券和消费者信贷还将出现大量违约。

与此同时,美国却仍然在中东某些正在输掉的战争上大把花钱,美国已经为战争花掉了几万亿美元,即使世界上最富有的国家的钱柜子里也没有几万亿美元。所以,美国要不断借债。

如今,美国的信用已经不如1945年了,债权人似乎不愿再拿自己的货币来交换正在贬值的美钞。根据美国联邦储备委员会在2007年底发布的数据显示,自2002年达到最高位以来,美元对世界主要货币已贬值24%。2007年8月以来,美元贬值的速度开始加快,对世界主要货币贬值了6%。

越来越多的贸易开始拒绝使用美元为结算货币。在荷兰首都阿姆斯特丹，众多小型外币兑换点因担心美元不断贬值造成亏本，已经不愿为游客把美元兑换成欧元。美元只是纸币，纸币等于纸张加信心，当信心沦落和崩溃的时候，美元将只是一堆绿色的废纸。美国看来有可能破产，就像贝尔斯登一样。

委内瑞拉总统乌戈·查韦斯说，在美元尚未出现大幅贬值的苗头时，现年81岁的古巴领导人卡斯特罗就曾警告过他："不久美元就会出现危机。"卡斯特罗给他看了一份文件，文件中写道："美国已经用美元纸币买下半个世界，而这些纸币并无相应经济实力的坚实支持……世界维持不了美元这个泡沫的持久繁荣。"查韦斯把眼下美国经济局势称为"极端经济危机"，他还放出风凉话说，现在已经有一些美国人开始失业，但更糟的还在后头："如果美国再这样下去，我们就不得不开始准备接受那里来的难民。"

作为民主党人，奥巴马把美国当下严重的经济问题归咎于布什领导的政府执政不力：美国国债数额因布什发动伊拉克战争而激增，布什的政策危害美国的经济发展，导致美元疲软。2008年6月9日，奥巴马在北卡罗来纳州罗利市发表演说时称："业主无力供楼而被银行收楼，以及延迟偿还按揭贷款的比率，是自从上个世纪经济大萧条以来最高的。油价从未有过像现在这么高，上周五更创下有史以来最大的单日升幅。医疗保健、大学学费，甚至食品的费用，都创下高纪录。家庭收入下降，工人的薪酬停滞不前。"在抨击布什政策之余，奥巴马提出了自己的方案。"欲使美元走强，必先强健经济。欲使经济强健，就要向国内基础设施投资，向国内信息体系投资，把布什的减税政策调回正轨，结束伊拉克战争，保持预算平衡。"

"雷曼兄弟给奥巴马送来了及时雨"

2008年9月15日，这是一个令华尔街人刻骨铭心的日子。有着158年历史的华尔街五大投资银行之一：雷曼兄弟公司申请破产保护，美国第三大投资银行美林证券公司被美国银行收购。在短短六个月的时间里,贝尔斯登、雷曼兄弟和美林证券先后宣布破产或被收购,美国五大投行中仅存高盛和摩根士坦利,五虎上将已经折损过半。

此前一天,美国联邦储备委员会前主席艾伦·格林斯潘在接受美国全国广播公司采访时说,美国正陷于"百年一遇"的金融危机中,可能仍将持续相当长时间,并继续影响美国房地产价格,这场危机引发经济衰退的可能性正在增大。格林斯潘认为,这场危机将持续成为一股"腐蚀性"力量,危机还将诱发全球一系列经济动荡,将有更多大型金融机构在这场危机中倒下。

2008年9月15日当天,纽约股市三大股指巨幅下挫,其中道琼斯指数狂泻504点,纳斯达克综合指数急跌81点,标准普尔500指数重挫59点,为"9·11"事件以来的最大单日跌幅。16日下午,一名记者来到雷曼兄弟公司大楼前,看见一位身穿白衬衫、别着雷曼兄弟公司胸牌的年轻人正在大楼前吸烟,记者上前采访:

"雷曼兄弟公司不是倒闭了吗?为什么还来上班?"

"我还要处理一些事情,也许过几天就不必再来了。"

"考虑好去哪里工作吗?"

"眼下金融机构都在裁人,看看再说吧。"

奥巴马与支持者在一起

有人将本次金融危机视为美国开国以来面临的第六次危机,前五次分别是南北战争、1929年开始的大萧条、珍珠港事件、古巴导弹危机和"9·11"事件。值得注意的是,前五次危机互相之间相隔的时间

Barack Obama

2008 年 10 月 15 日，奥巴马和麦凯恩举行第三次辩论，就经济问题进行驳难

都比较长，而第五次危机和第六次危机相隔时间是如此之短，发生在同一位总统任内，可谓美国的不祥之兆。

也有人说，"9·11"事件摧毁的是两座看得见、摸得着的摩天大楼，而这次金融危机摧毁的却是美国人对未来的信心以及世界上其他国家对美国的信心，这比大楼倒塌更可怕。因为再高的楼，倒塌后都可以重建，而信心一旦被毁，却需要很长时间才能恢复。

雷曼兄弟宣告破产，这给奥巴马的竞选创造了攻击现政权和麦凯恩阵营的绝佳机会。奥巴马紧急召集经济顾问开会，包括前财政部长鲁宾以及美联储前主席沃尔克，但奥巴马也没有提出具体的应对做法，只借金融风暴批评麦凯恩。

经济一直是大选中至关重要的因素。一般而言，经济好有利于执政党，经济差有利于反对党。经济牌也是民主党这次主攻的方面。在全面金融危机的环境下，加强对金融投资市场的监管成为未来金融政策势在必行的改革方向。因此，这对于民主党而言既是抨击共和党保守经济理念的最佳武器。7月份油价飙升，本是民主党大肆发难的机会，却被共和党一招近海石油开采打得落花流水。现在经济危机迫在眉睫，民主党当然不会再错过机会，而奥巴马也有望借经济议题扭转劣势，使大选再度恢复到两党举行全国代表大会前的白热状态。

据美国有线电视新闻网2008年9月16日公布的"民调中的民调"显示，奥巴马已经追上麦凯恩，两人各以46%打成平手。有经验的民主党人士认为"佩林效应"正在消退，选民们的注意力将回到经济议题上。曾反复声称要对投资银行、抵押贷款、对冲基金实施更为有力的监管措施的奥巴马有望获得更大的支持。

当年老布什攻击克林顿没经验时，克林顿的回答是："笨蛋，问题在经济。"（It is the economy, stupid.）克林顿当年的回答准确地击到老布什的痛处，因为那时美国经济真是极其糟糕，其严重程度远远超出了2000年网络泡沫破裂加2001年"9·11"事件时的情况。克林顿凭借这经典的一击，将把经济弄得一团糟的老布什赶下台去。现在该轮到民主党的奥巴马利用共和党治理经济的无能把麦凯恩从竞选总统的舞台上打倒了。

奥巴马会采取什么样的经济计划来恢复市场的信心呢？自克林顿掌权以来，民主党的路线斗争是两个鲍勃的竞争：一方是克林顿的老朋友以及劳工助理鲍勃·里奇，他的观点是政府应该投资于公路、桥梁、工人培训，并刺激经济，帮助中产阶级。另一方则是总统助手，前高盛总裁鲍勃·鲁宾，此人钟情于以减少赤字来激活证券市场，同时通过降低利率振兴经济。克林顿把赌注压在鲁宾身上。里奇和鲁宾分属于左翼和中间派，亦即政府调节和市场调节。奥巴马不偏不倚，而是主张两者的协调。一次，在飞往芝加哥的途中，奥巴马召集经济学家和执行官们开会。他坐在一张谈判桌旁，鲁宾坐在他左边相隔两个座位，而里奇坐在他对面。奥巴马说："我强调一点,如果只支持你,鲍勃,或是你,鲍勃,都是可笑的,事实是,你们两位都承认,世界更多的是一个复杂的合体。"奥巴马的意思显然是让两人达成和解,这也符合奥巴马善于调和、妥协的性格和从政风格。

"制裁抵押财产领域的欺诈行为"

发生在2008年9月的华尔街金融危机不是突然发生的,它是由2007年爆发的次贷危机所引发的威力更猛的金融海啸。严格来说这场金融海啸已经不再能够用次贷危机来概括,但是它的源头和导火索是次贷危机。

在美国,贷款是非常普遍的现象,从贷款买房子到贷款买汽车,从透支信用卡到贷款上大学, 贷款无处不在。美国人很少一次性付清现金买房,通常都是长时间贷款。在美国失业和再就业很常见。这些收入并不稳定甚至根本没有收入的人信用等级达不到标准,他们怎么买房子呢?在楼市看涨的时候,美国的金融机构受到高收益的诱惑,这些金融机构以高于一般房贷的利率向这些收入水平不高的人发放购房贷款, 以获取更高的收益,同时要求贷款人以住房做抵押,这样的贷款被定义为次级抵押贷款(Subprime mortgage)。

美国抵押贷款市场的"次级"(Subprime)及"优惠级"(Prime)是以借款人的信用条件作为划分界限的。根据信用的高低,放贷机构对借款人区别对待,从而形成了两个层次的市场。次级贷款是指那些放贷给信用品质较差和收入较低的借款人的贷款。放贷机构之所以愿意为这些人发放贷款,是因为次贷利率通常远高于优惠贷款利率,回报较高。这种贷款通常不需要首付,只是利息会不断提高。信用低的人申请不到优惠贷款,只能在次级市场寻求贷款。两个层次的市场服务对象均为贷款购房者,但次级市场的贷款利率通常比优惠级抵押贷款高2%—3%。次级抵押贷款具有良好的市场前景。由于它给那些受到歧视或者不符合抵押贷款市场标准的借款者提供按揭服务, 所以在少数族裔高度集中和经济不发达的地区很受欢迎。

大约从1998年开始，发放次级贷款的金融机构的广告就出现在电视上、报纸上和街头，或塞满居民的信箱。2000年IT泡沫破灭和2001年"9·11"事件后，由于美国经济丧失了火车头，美国政府开始想到以房地产业来带动经济，因此放松了对住房贷款的监管。大量次级抵押贷款应运而生。这些鼓励人贷款买房的广告都是很诱人的：

你想过中产阶级的生活吗？买房吧！积蓄不够吗？贷款吧！没有收入吗？找银行公司吧！首次付款也付不起？我们提供零首付！担心利息太高？头两年我们提供3％的优惠利率！每个月还是付不起？没关系，头24个月你只需要支付利息，贷款的本金可以两年后再付！想想看，两年后你肯定已经找到工作或者被提升为经理了，到时候还怕付不起！担心两年后还是还不起？哎呀，你也真是太小心了，看看现在的房子比两年前涨了多少，到时候你转手卖给别人啊，不仅白住两年，还可能赚一笔呢！再说了，又不用你出钱，我都相信你一定行的，难道我敢贷，你还不敢借？

在这样的诱惑下，无数美国人民毫不犹豫地选择了贷款买房。银行经理和业务员短短几个月就取得了惊人的业绩，可是钱都贷出去了，能不能收回来呢？银行一想，要找个合伙人分担风险才行。

于是银行经理们找到美国财经界的"带头大哥"——投资银行（高盛、摩根、美林等），这些投行的首席经济学家和财务人员以数据模型随机模拟评估后，将次级抵押贷款重新包装一下，就弄出了创新性的金融衍生品——CDO（Collateralized Debt Obligation，债务抵押债券），说穿了就是债券，通过发行和销售CDO债券向各国的金融机构销售，让债券的持有人来分担次级按揭住房贷款的风险。

CDO债券的风险仍然太高还是没人买怎么办呢？投资银行把它分成高级和普通CDO两个部分，发生债务危机时，高级CDO享有获得优先赔付的权利。

风险等级高的债券怎么销售呢？于是投资银行找到避险基金，让习惯于刀口舔血的避险基金来分担风险。避险基金经理在世界范围内找到利率最低的银行借来钱，然后大举买入高风险的普通CDO债券，2006年以前，日本央行贷款利率仅为1.5%；普通 CDO 利率可能达到12%，所以光靠利差避险基金就赚得盆满钵满了。

这样一来，奇妙的事情发生了，2001年末，美国的房地产一路飙升，短短几年就翻了一倍多，这样一来，美国似乎根本不会出现还不起房屋贷款的事情，就算没钱还，把房子一卖，买房者不仅能确保还贷还可以稳赚一笔。

结果是，从贷款买房的人，到发放贷款的银行，到各大投资银行，到避险基金，人人都能赚钱。投资银行当初觉得普通 CDO 风险太高，才丢给避险基金，没想到避险基金比自己赚的还多，于是投资银行也开始买入避险基金。避险基金又把手里的 CDO 债券抵押给银行，换得 10 倍的贷款操作其他金融商品，然后继续追着投资银行买普通 CDO。

投资银行除了继续闷声买避险基金和卖普通 CDO 给避险基金外，又想出了一个新产品CDS（Credit Default Swap，信用违约掉期），看起来这些天才产品是华尔街天才们的创造，CDS的要义是：投资人不是觉得普通CDO 风险高吗？那就每年从CDO里面拿出一部分钱作为保险费交给保险公司，让保险公司来分担将来可能出现的风险。这样的保险公司以美国国际集团（AIG）为代表，很快，CDS也跟着红了！

天才的华尔街精英们又想出了基于 CDS 的创新产品，找更多的一般投资大众一起承担。他们发行了一种基金，这个基金是专门投资买入CDS 的，在赚到 50 亿元之后，便将这50亿作为保证金，如果这个基金发生亏损，那么先用这50亿元垫付，只有这50亿元亏完了，其他投资人的本金才会开始用于偿还亏损，而一旦这支基金有可能面临亏损，在50亿保证金没赔完之前，任何投资人都可以提前赎回。这个产品刚推出的时候，很多人觉得买它太值得了：一些评级机构看到这个"天才"的创新，简直是毫不犹豫地给出 AAA 的评级！结果这个基金卖疯了，各种退休基金、教育基金、理财产品，甚至其他国家的银行也纷纷买入。虽然首次募集规模是原定的 500 亿元，可是后续发行了多少亿，只有上帝知道了，但是保证金 50 亿元却没有变。

2006 年年底，持续风光了整整五年的美国房地产终于从顶峰重重摔下来，这条金融衍生品的食物链终于开始断裂。因为房价下跌，优惠贷款利率的时限到了之后，先是普通民众无法偿还贷款，然后银行和投行倒闭，避险基金大幅亏损，继而连累AIG保险公司和发放贷款的银行，花旗、摩根相继发布巨额亏损报告，同时投资避险基金的各大投资银行也纷纷亏损，然后股市大跌，民众普遍亏钱，无法偿还房贷的民众继续增多，由次贷危机最终引爆什么样的危机，现在还无法预料。有一点可以肯定的是，如同格林斯潘所说的，这将是百年来最为严重的一次危机。潘多拉的盒子一旦打开，何时能关上就不知道了。

在竞选总统前后，奥巴马对次级抵押信贷行为做过多年的研究，2007年，他就建议以全面立法的措施打击抵押贷款欺诈行为，并保护美国免受过度借贷的诱惑。奥巴马的"制止欺诈议案"首次以联邦的名义对抵押贷款欺诈行为给予明确的定义。

对华尔街的监管不力也是导致危机的罪魁祸首之一。2007年，美国一些金融公司花费4亿多元用于游说和疏通，最终使"格拉斯－斯蒂格尔法案"废止。该法案旨在阻止银行卷入风险行业，因为那样会威胁到储蓄者的利益。1999年，该法案被废除后，美国房地产业和抵押贷款业的混乱状况愈演愈烈，直接导致了2007年的次贷危机和2008年的金融危机。

奥巴马公布六条救市建议

面对日益严重的经济危机，美高层接连出招，防止危机进一步扩散。美两党总统候选人也因此携手，共同应对当前危机

奥巴马
民族党总统候选人

第一点 放松限制提前支取退休储蓄的规定

奥巴马提出，对那些目前资金不足的工人，允许他们在2008年和2009年期间提前支取退休金，而且不用承担提前支取的违约金

第二点 允许退休老人享受退休金支取政策优惠

奥巴马甚至赞同共和党候选人麦凯恩的一条建议。麦凯恩上周提议允许美国退休人员暂时不用按比例提取退休金

第三点 要求美国联邦政府向地方政府提供贷款

奥巴马希望解决地方政府面临的财政困难问题。目前，这些地方政府税收正在锐减，而民众对公共服务的需求却在上升

第四点 鼓励创造就业机会

奥巴马希望在2009年和2010年出台优惠税收政策。该政策规定，如果公司每雇佣一个新的美国籍全职雇员，政府可为该公司减免3千美元的税收

第五点 延长失业补贴并暂时对其免税

象绝大多数其他民主党人一样，奥巴马呼吁再出台一个新的经济救市方案，将对失业人员的补贴延长到13个月，这样可以多帮助那些失业人员半年时间

第六点 要求执行次贷延期偿付

美国财政部日前出台了"金融机构问题资产拯救方案"，规定这些机构的次贷贷款人可以延期偿付贷款90天。奥巴马要求参加该方案的金融机构"诚信"履行改规定

JQP

2008年10月13日奥巴马公布了经济救市计划的六条详细建议，其中五条为自己独创

2008年3月，奥巴马在纽约库珀学会的一次演讲中指出：是华盛顿的幕后游说者的贿赂和民选的议员们的腐败腐蚀了政府的监管机构，他们操纵议会阻拦通过一些必要的法规，以此来换取竞选捐款。奥巴马针对眼前紧迫的房产危机发出修补联邦政府、整顿金融市场的呼吁："首先，如果你能从政府那里借钱，你就必须服从政府的监督和管理……"；"其次，需要对所有规范管理的金融机构条例进行总体性的修改。对资金需求申请应当强化管理，特别是复合型的金融运作，比如导致我们现在发生金融危机的抵押贷款有价证券的交易。我们必须采取更严格的管理手段控制易发的风险。我们还必须调查资产评估机构和潜在的利率与接受该利率的人之间的冲突。而且，对透明度的要求也必须加之于金融机构，责令其对持股人和交易方保持诚实和公开……"；"第三，我们需要理顺重叠的机构，并采用有力的调节机制……"；"第四，我们需要规范公共机构的责权，而不是属性。近几年，商业银行和存借机构都依从对次级抵押贷款的指导方针，但是这些约束对抵押信贷的破坏者不起作用。它使之没有意义……"；"第五，我们必须保持警惕，打击那些越线操纵市场的行为……"

　　奥巴马还提出，政府不仅要救华尔街，更要救老百姓。道理也是响当当的：如果那些肚满肠肥、毁了成千上万家庭的生计、把华尔街带入瘫痪的总裁们也靠政府救市维持自己上千万美元的收入，如果他们离职时有理由拿走上千万美元的遣散费，乘坐"金色降落伞"回家逍遥，那么凭什么政府可以对小老百姓见死不救呢？

"巴菲特：我心目中的候选人是奥巴马"

　　2008年8月，投资大师巴菲特曾明确表示出对奥巴马的青睐。在初选阶段，奥巴马还曾邀请巴菲特共进早餐，向他请教投资的学问。除了向巴菲特请益外，奥巴马还曾邀请纽约市长，曾开创彭博通讯社的布隆伯格一起共进早餐，向他请教有关经济的问题。彭博社是当今世界上资讯最为优质的财经类通讯社之一。奥巴马不是学习经济出身的，但他很善于

股神巴菲特

学习，奥巴马曾经专门钻研过美国的住房抵押贷款市场和次贷问题。对于这样一位有心人，巴菲特当然表示欣赏，他说："我心目中的候选人是奥巴马。"

奥巴马明白，要想在2008年的大选中脱颖而出，一定要重视经济这个议题。2008年9月14日，雷曼兄弟的倒下凸显了奥巴马的先见之明，经济议题渐渐超过所有议题，包括麦凯恩擅长的国家安全议题，成为美国选民最关注的问题。对于华尔街的危机和窘相，巴菲特讽刺道："当潮退的时候，你就知道谁在裸泳"，"华尔街有点成了裸泳主义者的海滩了"。 而奥巴马在此前很久就曾在华尔街发表演讲，批评华尔街有点对不起新经济中的受害者，奥巴马表示自己将在当选后对华尔街进行全面改革。奥巴马和华尔街是颇有渊源的，他曾经在大学毕业后服务于一家华尔街公司，后来主动选择离开，因此他很早就看穿了华尔街的"对我好就行"的个人主义思维。奥巴马对华尔街的背弃说明他很早就对华尔街有所不满，或许这是这类不满促使他念念不忘竞选公职以帮助创造出一个更加公平的世界。奥巴马说："我们让特殊利益者染指经济领域。结果造成市场扭曲，制造泡沫，而不是稳定持续成长，这样的市场有利于华尔街，而不是一般民众，但到头来是两败俱伤。"奥巴马的批评确实一语中的，命中了贪婪自私的华尔街的死穴。

"买得起的医疗保险，付得起的大学学费"

奥巴马在竞选时不断提出，要让低收入群体也能自己买得起医疗保险，支付得起大学的学费。奥巴马认为，目前那些没有医疗保险的人都是因为支付能力不足才不购买医疗保险，所以只要对低收入人群进行足够的补贴，他们就会自觉自愿地加入政府提供的平价医疗保险计划。2008年9月，在接受民主党总统候选人提名的演说中，奥巴马针对民生问题直言不讳地指出问题所在并批评现政府的失职："现在，越来越多的美国人失去了工作，越来越多的人工作更辛苦了，可所得报酬反而更少。在你们当中，越来越多的人失去了他们的住所，而更多的人在看着他们的房产快速贬值。你们当中越来越多的人有车却付不起油费，有信用卡却付不起账单，有书读却付不起学费。这些问题并不都是政府造成的。但对这些问题没能作出有效的响应，却是当前华盛顿的破烂政治和布什失败政策的直接结果。"奥巴马的立场是保证人民的内需得到满足，让人民"买得起医疗保险，付得起大学学费"。

其实在美国总人口中享受不了医疗保险的只是少数，仅4700万，其中有1100万是儿童，但即使这些人没有医疗保险，他们一旦生了大病，仍然可以通过其他途径减免一些医疗费。但是美国的精英仍然高度重视满足所有国民的医疗保障需求,民主党的精英们不光重视全民医保问题,他们是从保障美国的竞争优势这个战略高度来认识内需问题的。

严重的内需不足将无法支撑庞大的就业需求,这些国家将不可避免地实行"积极的财政政策",必须引资、举债、印钞票:引资就必须廉价出售优质资产;负债就必须增加税收;印钞票就必将通货膨胀。结果将促使资本、优质资产和优秀人才迅速外流,这些国家将失去对货币的控制权,最后成为美国金融战争袭击的目标。只有到了那个时候,那些被洗劫的国家将会发现,内需问题不仅是一个国民福利的问题,更是一个经济发展的战略问题。

美国在20世纪九十年代在信息产业上的一马当先曾经一下子将日本抛在后面,使日本陷入失落和衰退之中,从此无力挑战和威胁美国的优越地位。如今的新兴经济体要想不再重复日本等后发达国家的老路,必须把本国的内需问题作为一个严肃的政治问题,调动内需不仅涉及民主、自由、公平、正义等现代政治理念,内需的有力与否将直接关系到国家的生死存亡。

毫无疑问,如果奥巴马上台执政,他一定会以重振美国的内需来保障美国人的就业和消费。把满足内需当作最大的政治问题,这才是真正的美国经验。那些"蜡烛经济"国家,即燃烧自己照亮别人的国家应该警醒了。

二、"唯利是图的公司说客和利益集团腐蚀了民主"

■ "竞选资金捐助人之手正在紧紧地扼住我们的喉咙"
■ "公然具有党派倾向的新闻媒介日益增多"

"竞选资金捐助人之手正在紧紧地扼住我们的喉咙"

投入大选以来，奥巴马不止一次痛心疾首地批评美国的民主制度的堕落，最明显的标志就是美国的民主已然演变成金钱的傀儡，任何竞选人，不管你怀抱什么样的雄心壮志，如果你得不到有钱人的青睐和捐助，你就无法开展竞选活动，而一旦你拿了利益集团和公司说客的钱，你就无法再忠实于自己的理想和选民的意愿。美国的民主是代议式民主，当公职人员尤其是国会议员们被金钱操纵时，这些议员会代谁说话也就大有问题了。对此，奥巴马呼吁，改革美国政治人物在竞选中过度依赖出资人捐款，从而避免使竞选公职的人员常常被利益集团和游说者操纵的现象。

但是不管奥巴马怎样憎恨美国当下的竞选筹款机制，在法律没有新的规定之前，奥巴马还必须按照他所深恶痛绝的旧的法则行事。按照法律的要求，奥巴马阵营和麦凯恩阵营都在8月份竞选

2008 年 10 月 16 日，奥巴马出席艾尔弗雷德－史密斯纪念基金会晚宴并发表讲话

活动结束后不久逐条公布了他们在 8 月份所有的竞选开支的明细。账单显示，双方在 8 月一共花掉了 9450 万美元：奥巴马花掉 5350 万美元，麦凯恩用去 4100 万美元。双方阵营均在大选的最后阶段招募了更多工作人员，因此账单数字飞涨。最大的支出部分是广告，集中在大约十二个选战争夺激烈的州，麦凯恩砸出了 2300 万，奥巴马 3300 万。交通费则是奥巴马 450 万，麦凯恩 300 万。

尽管奥巴马的筹款团队成功地从小额捐赠人那里筹得了数百万美金，8 月过后，银行里还剩 7700 万美金；麦凯恩这边，财大气粗的共和党为麦凯恩筹集了 7600 万美金，这一数字比民主党给奥巴马提供的 1700 万美金多得多了。

奥巴马在著作《大无畏的希望》里曾多次披露自己在竞选资金问题上

面临的难堪,以及他自己对这一问题的深入思考。奥巴马认为,美国的民主最近已经变得越来越糟糕。美国正在被一伙阴谋集团所劫持。那些竞选成功的议员们"得赶忙奔回办公室与委托人见面,回复电话,还要去附近的饭店结交政治捐助者"。对于竞选资金的来源,奥巴马坦言:"如果没有万贯家财,联邦参议员竞选经费的筹集主要就是一个方式——伸手向有钱人乞求赞助。"

奥巴马直言不讳地批判美国的游说团体和利益集团对政治的渗透和干涉:"在我看来,唯利是图的公司游说团体,与为了改善生存状况而联合起来的团体是不同的,前者颠覆民主思想,后者是民主的支柱。""利益集团对竞选公职的候选人的操纵是令人反感的。对竞选施加影响的利益集团根本无意于寻找并支持最有思想、最有能力并且胸襟开阔的候选人,相反,他们却关注于狭隘的问题和一己的私利。"

奥巴马认为,"竞选中一切罪过之源是必须获胜,而且不允许失败。无疑这与金钱有关。在实施竞选经费法以及记者炒作新闻成风之前,通过明目张胆的行贿,金钱决定了选举;政客将竞选资金当成个人银行账户,谁出价最高谁就能制定法律。"正因为大部分时间被用来同捐款人周旋,美国的议员们接触老百姓的时间越来越少,"担任参议员的时间越长,你交际的范围就越窄,你也许想努力摆脱这种状况,你参加市政厅会议,在破旧街区巡回访问,并驻足听取民众的心声,但是你的工作安排迫使你远离你所代表的民众。当下一场竞选即将来临时,你体内也许有另一个声音告诉自己,你不想再经历筹集资金、眼巴巴看着它一点点积累的种种痛苦。你意识到,你已不再是一颗新星,这张面孔也不再令人感到新鲜;你并没有改变华盛顿,你已经因为某些棘手的投票表决让许多人不快。这时,来自特别利益集团、公司的政治行动委员会以及高层游说机构的募捐者对你的反感最少,他们强烈地诱惑着你投入他们的怀抱。"

奥巴马自己是怎么解决竞选资金问题的呢?在大选中,网民的小额捐款一直是一个重要的渠道。但是在奥巴马刚进入政治生涯的时候,他也不得不一再放下身段去"为稻粱谋"。奥巴马在自传中以自己为例说:"过去

我向陌生人伸手索要大额资金时曾感觉羞耻，这种感觉现在荡然无存。过去我打电话恳求捐助时总会和对方先开开玩笑闲聊几句，竞选快结束时这些都省略了，我直奔主题，并力争得到肯定答复。……我发现我和阔人打交道的时间越来越多——法律事务所合伙人以及投资银行家，避险基金管理者以及风险投资人。"

更早的时候，奥巴马也和其他政客一样到处"化缘"。在2000年竞选国会众议员时，奥巴马把一个难题摆在自己的首席筹款人马蒂·奈斯比特面前，他对奈斯比特说："如果你能筹到400万美元，我就有40%的机会能赢；如果筹到600万美元，我就有60%的机会能赢；如果你筹到1000万美元，我向你保证，我绝对能赢。"当时，奥巴马已经打通了芝加哥上层黑人群体这个"钱途"：黑人商业精英、新一代企业家、基金经理、银行家有一大把。但更有钱的"主顾"是犹太裔专业人士和富商，他们向来是芝加哥最慷慨的政治捐款人。这些人被称为"湖边的自由派"，大多居住在密歇根湖北岸。奥巴马和他们素不相识，但奥巴马还是说服了他们中的头面人物，得以进入芝加哥顶尖企业家和慈善家的圈子。在参议员选举的民主党初选阶段，奥巴马的竞选团队也拿过利益集团游说团体的18万美元和来自个人游说者的4万美元，当时他是照单全收的，没办法，为了竞选成功。在总统选举中奥巴马竭力避免提及过去的这些事，但他也遭到了一些质疑："他真的是一个改革者，一个卓越的、清白的、全新的政治家吗，抑或他只是又一名政客？"一名支持希拉里的捐款人干脆说："答案是，他仅仅是又一名政客。"

我们可以相信，奥巴马内心是非常渴望改变这种受制于人的局面的，奥巴马最渴望的仍然是通过直接面向大众发表演说，通过直接为大众服务赢得信任来谋求人民的支持。奥巴马在芝加哥底层社区的服务经历已经足够说明问题了。

奥巴马的竞选口号是改变，后来演变成"我们需要的改变"，在奥巴马看来，美国的民主制度已经到了非修复不可的时候了。针对政客被捐款人"绑架"的现实，奥巴马提出自己的解决之道："为了改变这种局面，对我们的民主进行技术修复能减轻政治家的部分压力……对竞选投入公共资助或提供免费电视和广播广告,让候选人不必为乞讨资金而奔波,也避免让候选人被特殊利益集团摆布。"可以想见,在奥巴马登上总统宝座以后,他很可能会重拳出击利益集团猖獗的游说活动。

"公然具有党派倾向的新闻媒介日益增多"

奥巴马被认为是一位具有媒体天赋的候选人,他在镜头前非常安详,人们为他的演讲着迷,从他的声音到他的英俊外表。因为大众的喜爱,美国的大众媒体也就对奥巴马特别优待,在初选中,美国的媒体就给了奥巴马更多的关注,以致希拉里和克林顿都埋怨媒体对他们不公。但即使是受到了媒体的偏爱,奥巴马也一样对媒体的力量充满敬畏而不敢稍加怠慢,奥巴马明白,"政客被资金雄厚的捐助人俘虏,政客屈服于利益集团的压力。……四五十年前,这股力量是党派机构:大城市的政治领袖、政治交易

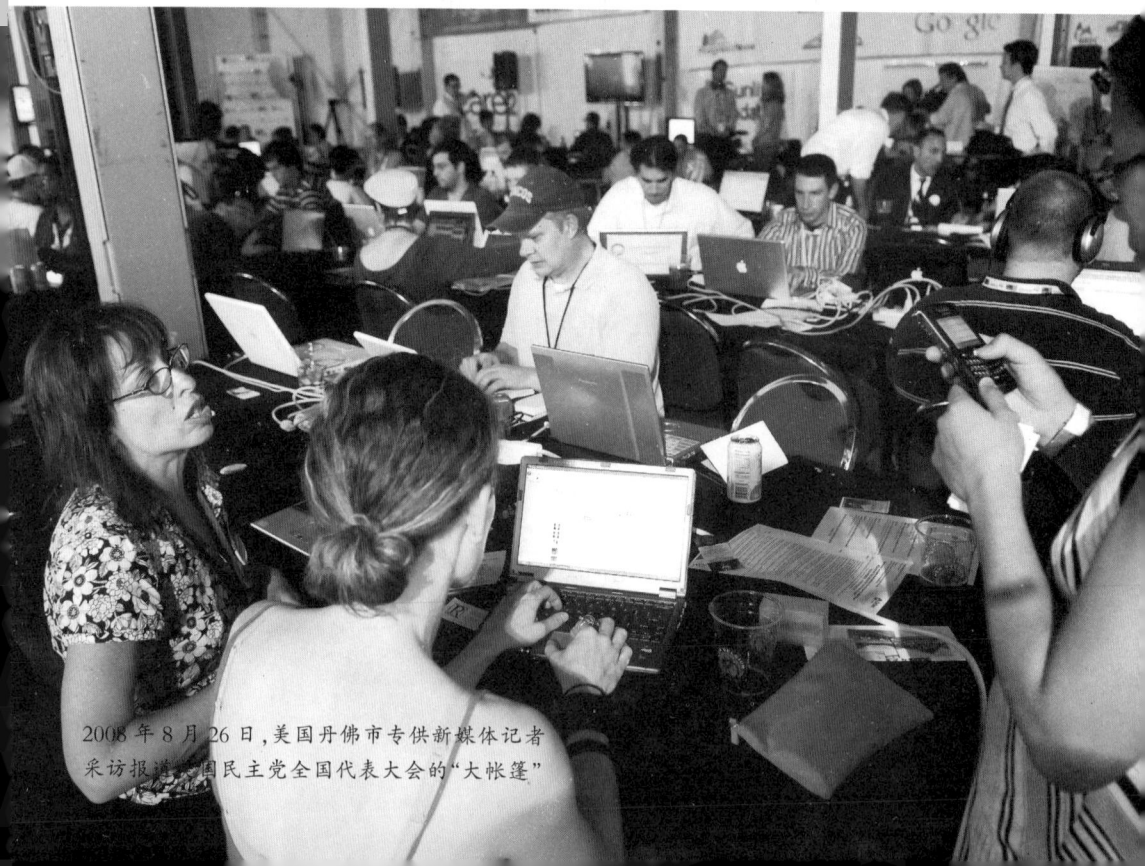

2008 年 8 月 26 日,美国丹佛市专供新媒体记者采访报道美国民主党全国代表大会的"大帐篷"

者、华盛顿的政治掮客,他们的一个电话就能决定你事业的沉浮,现在,这股力量是媒体。"

奥巴马曾经批评美国的选举被媒体摆布的现实,他说:"和每个身居联邦职位的政治家一样,我几乎完全依靠媒体与选民接触。媒体是过滤器,我的选票通过它解释,我的言论通过它分析,我的信仰通过它检验。至少对广大选民来说,媒体说我是谁我就是谁,媒体宣称我有什么言论我就有过什么言论,媒体认为我成了什么样,我就成了什么样。""媒体对政治的影响形式多种多样,目前最引人注目的是,公然具有党派倾向的新闻媒介日益增多。谈话电台,福克斯新闻,报纸社论撰稿人,电视台谈话节目,以及近期出现的博客,所有这些媒体一星期七天,一天二十四小时,反复进行侮辱、谴责、搬弄是非以及极尽含沙射影之能事。"

把目光投向现实,审视美国主流媒体的政治倾向和客观性,我们发现奥巴马一针见血地指出了美国新闻界和政治领域的一大弊端,即媒体通过操纵舆论来操纵选举并驾驭政治。美国的三大报是《纽约时报》、《洛杉矶时报》和《华盛顿邮报》;五大电视台是美国广播公司(ABC)、全国广播公司(NBC)、哥伦比亚广播公司(CBS)、美国有线电视新闻网(CNN)和福克斯电视台(FOX);三大主流新闻类杂志周刊:《时代杂志》、《新闻周刊》、《美国新闻与世界报道》;主要的广播电台有全国公共广播电台(NPR)和美国公共广播电台(PBS)。美国报纸基本是左派的天下,而广播则是右派的天下。其中《纽约时报》是自由派的大本营,《洛杉矶时报》、《华盛顿邮报》都是著名的自由主义立场的报纸;而《华尔街日报》、《华盛顿时报》及《纽约邮报》则是保守派的代表。《洛杉矶时报》、《纽约时报》、《华盛顿邮报》、《华尔街日报》、《华盛顿时报》这五家报纸从左到右排列起来,正好是美国报纸从左到右立场逐级变化的光谱。美国有线电视新闻网(CNN)被视为左派旗舰,而福克斯电视台(FOX)则被视为右派旗舰;美国三大无线电视ABC、NBC、CBS都比较左倾,《时代杂志》、《新闻周刊》都属于左派刊物,而《美国新闻与世界报道》则比较偏右。

在传播口径上,不同政治倾向的媒体都具有明显的政策倾向性,而新闻报道的客观性因此大打折扣：自由派、左派的媒体在经济上主张政府干预、增加税收和政府开支投入社会服务、实行福利政策；关注少数群体；强调公平贸易、主张贸易保护；政治上倾向民主党；主张通过协商解决国际问题；社会文化上支持堕胎；主张对同性恋采取宽容接纳的态度；反对对非法移民（最新说法是"无证移民"）严格执法；支持干细胞研究；支持枪械管制；废除死刑；反对用宗教信仰来指导人们的世俗生活。

像美国著名的无线电视新闻网哥伦比亚广播公司（CBS），无论其前方的采访记者，还是后方的新闻主播，都是民主党的热烈支持者。在2004年总统大选中，CBS的员工共向民主党候选人克里等人捐款11万美元，而捐给共和党的钱只有1000美元。这样的政治倾向不可避免地会反映在他们的新闻报道中，最后出现丹·拉瑟那样的失实报道也是情理之中的事。

而保守派、右派的媒体在经济上主张减少政府干预、降低联邦赤字、低税收；强调自由竞争和市场调节作用；主张自由市场、反对贸易保护；政治上倾向共和党；支持强硬对待专制独裁国家；强调传统道德观念，重视宗教和家庭的作用，反对同性恋婚姻和堕胎合法化；主张严格控制非法移民；反对干细胞研究；反对枪支管制；主张保留死刑。以上关于自由与保守、左与右的划分主要适用于美国，并非自由就一定是好的，保守就一定是落后的。

布什主政和"9·11"之后，美国保守主义意识形态影响加强，左派报纸的发行量有所下降，立场偏右的《华尔街日报》发行量出现上升，目前《华尔街日报》的发行量已经超过《纽约时报》，位居第二。在伊拉克战争期间，其他媒体为了追求中立、客观的效果，在报道时都特意把美国军队称为"美军"（U.S. army），福克斯（FOX）却一反常态地将美军称为"我们的军队"（our troop），又将布什称为"我们的总统"（our president），而不是"总统布什"（President Bush）。福克斯在"9·11"后通过与美国出现的新保守主义思潮互相推动，目前已经成为全美收视率最高的有线电视新闻网，CNN屈居第二。

在大选中，奥巴马竭力避免被对手贴上自由派这一标签。因为美国政治从总体上说仍然是中间偏右。对于政治家过于依赖媒体、美国的民主政治越来越落入媒体陷阱的事实，奥巴马呼吁"对我们的民主进行技术修复"以"减轻政治家的部分压力"。奥巴马赞成"对竞选投入公共资助或提供免费电视和广播广告"，以便让"候选人不必一直为乞讨资金而奔波"，同时可以"极大地削弱特殊利益集团的影响力"。

三、"永远不要对战争胡说八道"

■ "你说我们知道大规模杀伤性武器藏在何处,你错了"
■ "在布什和麦凯恩决定打击伊拉克以前根本就没有伊拉克基地
　组织"
■ "围魏救赵"

"你说我们知道大规模杀伤性武器藏在何处,你错了"

如前所述,2008年9月26日,美国民主党总统候选人奥巴马与共和党总统候选人麦凯恩的首场辩论在密西西比大学展开。辩论的主题是国家安全与外交政策。

关注这场辩论的美国电视观众人数打破了历史记录,人们都想从他们未来的领导人那里获得一些应对他们目前危机的启示。辩论的规则是:每场辩论总计90分钟,分成八个10分钟的小节,其余时间为开场白和总结。每个小节谈一个话题,由主持人引入话题,然后两名候选人分别有1分钟时间表达观点,然后有7分钟时间讨论。

当双方将焦点集中到外交政策与国家安全问题后,麦凯恩坚持认为美国在伊拉克正在取得胜利,而奥巴马则表示他从一开始就强烈反对这场战争。麦凯恩说,美国向伊拉克增派兵力,目前已经取得了成功,并且正在赢得胜利,"我们将带着胜利和

奥巴马与麦凯恩在辩论前寒喧

荣耀回到美国"。

　　奥巴马则反驳道，美国将军事资源从阿富汗转移到伊拉克，使得美国打击恐怖分子的努力受到削弱，美国最先需要弄清楚的就是当初是否需要这场战争。奥巴马说，"约翰，你看起来是在假装认为这场战争是2007年开始的,事实上战争是2003年开始的。你说我们知道大规模杀伤性武器藏在何处,你错了;你说我们作为解放者将会受到欢迎,你错了;你说逊尼派和什叶派之间历史上没有暴力冲突,你错了。"在伊朗问题上,奥巴马强调美国必须对伊朗实行"强硬的外交政策"。此前,麦凯恩称美国不能容忍拥有核武器的伊朗,奥巴马当天也对此表示赞同,并敦促对伊朗实施更为严厉的制裁。

奥巴马和麦凯恩的首场辩论结束后,美国民众对二人的表现发表了看法,从网友的反应中可以看出,奥巴马对未来的计划显然打动了更多选民的心,支持奥巴马的民众明显多于麦凯恩。以下是一些网民对此次辩论的看法:

网友卡特琳娜说:"是否能有人告诉麦凯恩,我们现在正在遭遇的是财政危机,而不是他所坚持的政府财政预算危机,麦凯恩从辩论开始直到结束一直在强调'政府财政预算'。我不明白,他到底知不知道问题的关键在哪里?这不免让我怀疑,他(麦凯恩)是否真的知道自己在做什么,而我们又在讨论什么?"

网友戴安·戈登说:"如果我可以在麦凯恩每说一次'奥巴马你不懂,'或者'奥巴马你很幼稚'这些话的时候,积累一美元,那么我将可以成为富翁了。麦凯恩语言的贫乏可见一斑。我又一次被奥巴马的政治能力所折服,他的能力足以使他成为总统最佳人选的原因之一。麦凯恩在对待战争的观点上犯了致命的错误。他从开始赞成战争就错了,他错以为伊拉克是我们最大的威胁。"

网友nm说:"麦凯恩试图拉拢那些士兵的人心,他看上去似乎很关心和尊敬士兵,但事实上,他却将它们置于极其危险的境地。麦凯恩表示,即使知道发动伊拉克战争的原因是错误的,他也仍然希望可以在这次战役中取得最终的胜利。他自己并不知道,他永远也不可能成为一场错误战争的胜利者,即使他再怎么强调自己的立场也好,在伊拉克,你只能成为失败者,而不是胜利者。"

网友迈克说:"我很欣赏奥巴马将眼光放在了'未来我们应该做什么'而不是像麦凯恩那样,只强调'过去我们做过什么'。其实,我们不应该把精力放在一个人过去的记录上,因为过去的终究已经过去,而是应该对他的未来提出更好的建议,这一点奥巴马做到了。"

网友丹尼斯说:"我希望可以有一位更有智慧的绅士来做我们的总统。我很同意奥巴马所说的美国需要重新赢得全世界的尊重。"

盖洛普民意测验中心29日公布的最新民调显示,奥巴马的民意支持度是50%,共和党总统候选人麦凯恩为42%。盖洛普说,在执行这项民调的三天里,有两天是在辩论之后,而这两天的调查结果,奥巴马都实质领先麦凯恩,显示选民较肯定奥巴马的辩论表现。盖洛普指出,50%是奥巴马宣布参选以来的最高民意支持度。但8个百分点还不是奥巴马的最大领先差距。他曾于7月底访问欧洲回来后,领先麦凯恩达9个百分点。

"在布什和麦凯恩决定打击伊拉克以前根本就没有伊拉克基地组织"

曾长期任教于美国纽约州立大学宾汉姆顿分校,现为美国耶鲁大学资深研究员的伊曼纽尔·沃勒斯坦(Immanuel Wallerstein)认为,伊拉克战争使美国在军事上的"纸老虎"面目暴露无遗,在伊拉克战争之前,大多数人还相信美国乃是当今世界最为强大的军事力量;但现在,人们发现它居然无法赢得伊拉克战争,因此,在军事上对美国的恐惧感消失了——这就是为什么伊朗敢于对美国的威胁无动于衷,因为它知道美国奈何不了它。在经济方面,与伊拉克的战争昂贵得令人难以置信,美国政府因此陷入巨大的债务负担中。维持经济平衡的唯一办法,就是由其他国家慷慨解囊、购买美国的国债。这些国家包括中国、韩国、印度和挪威等。现在,这些国家成为美国的债主,并成为美国救市需要巴结的对象,这更加使得美国在经济上也是只"纸老虎"。

布什的伊拉克战略完全失败了,从一开始,布什就对伊拉克的事胡说八道,说什么伊拉克拥有"大规模杀伤性武器",可是五年过去了,萨达姆也被绞死了,大规模杀伤性武器还是没有找到,可见要么是布什在胡说八

美军在伊拉克

道，要么是美国情报机构在胡说八道，而对战争胡说八道，并以胡说八道的理由轻举妄动，那是要注定要失败的。

2004年1月，奥巴马曾经说，"我不是一味地反对任何战争，不是和平主义者，但是坚决反对伊拉克战争。""永远不要对战争胡说八道，也永远不要隐瞒战争的真相。"（Never fudge numbers or shade the truth about war.）早在2004年10月伊拉克战争开打前几乎半年，奥巴马就作出独立判断："萨达姆并不拥有大规模杀伤性武器，更不可能向恐怖分子提供大规模杀伤性武器。"（Saddam did not own and was not providing WMD to terrorists.）2007年9月12日，奥巴马在艾奥瓦州克林顿市的一所大学里发表了题为《翻开伊拉克问题的新的一页》的演讲，奥巴马说，"我在2002年反对这场战争。我在2003年反对它。我在2004年反对它。我在2005年反对它。我在2006年反对它。"在俄亥俄首府哥伦布的一次集会上，奥巴马反击麦凯恩，说他支持总统布什发动了一场"永远不应该得到授权、永远不应该发动的"战争。奥巴马创造警句说："在布什和麦凯恩决定打击伊拉克以前根本就没有伊拉克基地组织"，这句话赢得了满场喝彩。

"围魏救赵"

正因为奥巴马的远见，使他在民主党的初选中能够脱颖而出，在所有的候选人中显得出类拔萃。现在的问题是伊拉克问题如何收场，以及即将当选的新任总统将如何结束伊拉克战争。伊曼纽尔·沃勒斯坦认为，"巴拉克·奥巴马成为美国下届总统应当可以定论了。他对伊拉克战争的看法与其竞争对手约翰·麦凯恩几乎针锋相对。奥巴马从一开始就反对美国打击伊拉克。他认为让战争继续下去对各方都有害，包括美国、伊拉克和世界各地。他还说，他会寻求在16个月内把美军全部撤出。一旦入主政府，奥巴马无疑会发现，撤军的定义在美国将备受争议，而且，即使只作为美国的国内政治问题，实现这个目标也会比他宣称得更为不易。然而，结束伊拉克战争不取决于奥巴马，也不取决于美国。结束伊拉克战争的关键是伊拉克政治的变动，而不是美国政治的变动。"

伊曼纽尔·沃勒斯坦分析了伊拉克境内的政治势力以及他们各自的欲求和底线。伊拉克政治目前有三个主要族群：阿拉伯人什叶派、逊尼派和库尔德人。每个族群基本位于某个特定地理区域。主要的例外是首都巴格达市，那里逊尼派和什叶派人口混居杂处。

什叶派有多个政党，每个党都拥有自己的民兵，长期以来相互对抗。其中主要的两个一个由萨德尔领导，另一个是由阿卜杜勒·阿齐兹·哈基姆领导的"伊拉克伊斯兰革命最高委员会"。逊尼派的情况不明朗，那里有一些酋长和前复兴党人，他们与伊拉克立法机构的各类政客有关系。还有一个小而重要的"圣战"群体，他们大多不是伊拉克人，与基地组织多少有联系。在库尔德区域有两个相互竞争的政党，还有基督教和土库曼少数民族。

在后萨达姆时代，四分五裂的伊拉克最重要的问题是以后它还能不能作为一个统一的国家继续存在下去。有两个群体真正反对伊拉克民族主义的复活和复兴：一是库尔德人；二是哈基姆领导的什叶派力量，后者

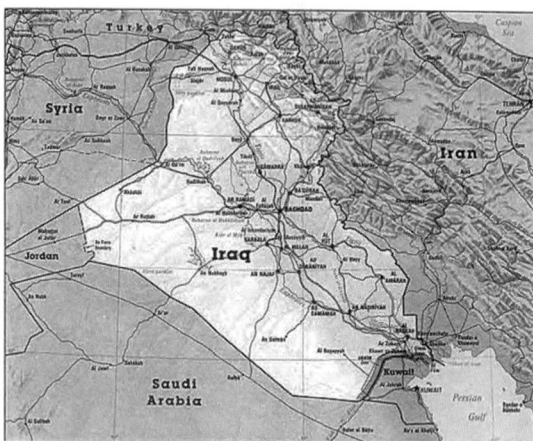
伊拉克地图

梦想得到他们主宰的南部伊拉克，那里有丰富的石油资源。他们想切断与逊尼地区的一切联系。他们还想严重削弱萨德尔阵营。

库尔德人当然梦想拥有独立的库尔德国家，但他们知道处于内陆的库尔德国家会很难生存。土耳其可能入侵，伊朗也有可能。美国可能无所作为。以色列将事不关己。因此，库尔德人显然准备接受在统一的伊拉克境内继续保持事实上的自治。

逊尼派阿拉伯人所处区域几乎没有石油，他们认识到，他们不可能重新回到他们单独统治的伊拉克时代了，他们现在真正想要的是在国家政治机器及其资源中得到自己的公平份额。

关键的群体是什叶派。萨德尔想要统一的伊拉克，原因是，这是他的人马在巴格达生存发展的唯一出路。

还有一个主要力量西斯塔尼（Grand Ayatollah Ali al-Sistani），伊拉克什叶派最重要的精神领袖。西斯塔尼的诉求是什么呢？从神学上说，他想让他的地盘纳贾夫取代伊朗的库姆再次成为什叶派宗教世界的神学中心。从地缘政治上说，这就要求有一个统一强大的伊拉克。

最后，伊曼纽尔·沃勒斯坦得出结论：2009年，合乎逻辑的发展似乎是萨德尔、西斯塔尼、逊尼派，甚至库尔德人在民族团结的平台上联合起来，萨德尔将成为伊拉克总理，美国在没有长期基地的情况下完全撤军。奥巴马总统和五角大楼将没有多少选择，他们只能优雅地表示赞同。

奥巴马以反战姿态投入选战，并以从未支持过伊拉克战争的纪录，将台面上的民主党政治人物——挑下马来，获得初选胜利，当然他不会收回他的有关撤军的承诺。奥巴马提出了他自己的打击恐怖主义的战争策略。他提出在2010 年前撤出在伊拉克的美军，只留少数军队专门对付基地组织，同时将增兵阿富汗，并增加拨款，加强阿富汗与巴基斯坦之间的边境安全，从而切断基地组织向阿富汗和伊拉克的支持。奥巴马这个策略看上去至少有三个妙处：一是增兵阿富汗，可谓直捣恐怖主义老巢，但兵却不用于剿敌，而用于扼制恐怖主义势力，可谓围敌于阿富汗，从而让从伊撤军不再是一种失败、退缩行为，反而是一种新的进攻策略；二是奥巴马实现了从伊撤军，却又不会被扣上失败主义的帽子；三是奥巴马加强非军事的援助，减少军事行动，将恐怖主义的活动局限在一定地区，所付的代价一定会比现在的状况要低，从而可以摆脱困境。奥巴马提出的策略与中国兵法上的"围魏救赵"颇为神似，比起麦凯恩只会喊增兵和"真的很想再驻一百年"高明多了。从未上过战场的奥巴马比军人出身的麦凯恩更有统帅天赋。

四、"参议院中最善于拉关系的议员"

- "奥巴马的金主"
- "奥巴马表现得更像一个华盛顿的圈内人"
- "永远适应形势的奥巴马"
- "奥巴马背后也有石油集团"

"奥巴马的金主"

　　根据美国法律,成为政党候选人之后,必须选择是接受公共竞选经费还是自行筹款,公费虽然有8500万美元,但是开支仅此为限,而且不能接受外界捐款,反之,自行筹款则没有限制。

　　奥巴马在2008年总统大选的初选期间一再批评华府的腐化以及利益团体借政治捐款左右政策,他誓言要清清白白的选举。公费选举制度虽不符合现实,但他矢言要与麦凯恩碰面,共同约定一个示范性的竞选经费规范。麦凯恩自知其短,选择了公费竞选,但筹款能力特强的奥巴马,估计可以轻易达到3亿美元的空前数字。

　　2008年6月下旬,奥巴马宣布放弃公费选举,自行筹款竞选。奥巴马强调,他的竞选捐款不是来自利益团体,"而是你们在负担得起范围内,5元、10元、15元,累积而来的,我们也才得以建立150万人的'草根'运动"。但根据《纽约时报》的统计显示,给奥巴马捐款超过1000美元的"大户"共捐了1.12亿元，超过总捐款的1/3，远超过希拉里与麦凯恩，其中募款能力超过5万美金的募捐人有500名，有六七位更堪称"超级金主"，他们每人募集了超过100万美元的竞选资金。

奥巴马的大金主们主要来自四个行业：律师、投资证券公司、房地产、娱乐业。他们固定聚会，奥巴马会在适当的时候出现，感谢每个人的协助，或者金主们会被邀至重要场合的后台，在奥巴马激励人心的演说后，大家再"私下聚聚"。

"奥巴马表现得更像一个华盛顿的圈内人"

奥巴马是以一个华盛顿政治圈子外边的人的清新形象闯入美国大选的。如果奥巴马成功当选，他将成为美国第一个少数族裔入主白宫的人。这位到了上大学的年龄时，才长住美国本土的西部人，却在47岁时成为美国总统，奥巴马在华盛顿的政治人物中，是资历最浅的一位，连他自己都认为是华盛顿的圈外人，如今不但可能一跃成为内圈人，且为核心人物。他会逐渐被这个圈子同化还是将大力改造这个圈子，使华盛顿远离政治游说和利益集团的操纵？在竞选期间，奥巴马充分利用了自己作为华盛顿的局外人这一特征中于己有利的一面为自己争取选票，他说："只有华盛顿圈外人才能根治华盛顿。"这正好符合美国人对政府施政不满的现状。他提出的口号"你可以信赖的改变"以及"我们需要的改变"，是十分成功的广告，它可以容纳任何人对改变现实的诉求。

在奥巴马之前，美国的大选也曾经有过打出"改变"旗帜的选举，比如1980年的里根，里根高喊"政府也是问题的一部分"，因此必须彻底为政府瘦身，选民相信了他，把他送上总统宝座，但当里根离开白宫时，政府的规模比他就职总统时还大，但是由于里根创造了经济增长的局面，选民们已经忘了他当初无数承诺的具体内容，而共和党人也对里根再次振兴保守派势力感激不尽。今天，奥巴马再次打出"改变"的旗号，从实际效果看也不错。奥巴马是否会带来使选民满意的改变，则是另一回事。

奥巴马承诺的一个重要的改变之一，是改变公司游说者和特殊利益集团对其政治代理人——这往往是对国会议员们的收买和操纵。奥巴马能说到做到吗？

奥巴马一旦执政，要想有所作为，一是靠调动政府资源，二是依靠他所属的党派的力量。民主党本身是一个代表大资本和企业财团势力的政党，就像也是代表大资本和企业财团势力的共和党一样。不过，由于民众的需要，这个亲资本的政党就策略性地采纳反战、反种族主义和反政府削减开支的竞选策略，以便与共和党拉开距离。但这并不能保证民主党的政客不拿利益集团的捐款。就连奥巴马本人在竞选州议员、国会议员和美国总统期间也不得不依靠私人募捐，虽说公开的说法认为这些都是小额捐款，不超过2300美元，但是背后究竟有没有化整为零的大额捐款，就只有上帝知道了。

奥巴马在海边

不管怎么说，奥巴马获得的捐助数额庞大可谓空前，这就有点让人不禁要揣测一番。因此有选民就觉得奥巴马难以让他完全信任："我个人支持麦凯恩，虽然我个人偏好民主党，而且布什总统的这八年除了打仗也没什么建树！但麦凯恩的确是共和党的强人，做人很有原则，而奥巴马则有点像政客，说自己是华盛顿的局外人，其实我看他比任何人都更像一个局内人。我觉得民主党还不如选希拉里来和麦凯恩竞选，那样成功的可能性还可能大一点，奥巴马更像一个华而不实的政治明星。"

还有一则网上评论说："我从来都不喜欢形象太好的政客，一个政客形象太好(例如奥巴马和马英九)只有三种原因：第一，他根本就不懂政治怎么玩。政治是妥协的艺术，无论多么诚实多么为了人民利益着想，都还是有很多把戏和台面下的交易要做。如果连鞋也没湿过，有可能是你根本没走过河边。第二，有很多东西被以各种方式掩盖了，这种情况下，我反而比较担心人格和诚信的问题。第三，媒体和民众对此人有着不切实际的期待，在耀眼的光环下我们对众多的缺点视而不见，而梦总是会醒的。至于改变，如果政党政治和国会制度这些基础的东西不改，政治的实质和玩法又如何会发生变化？看看当时的局外人卡特总统，何曾带来任何改变？

"永远适应形势的奥巴马"

在角逐白宫宝座的过程中，奥巴马一度被怀疑他只不过"仍是一名政客而已"。有些人虽然没有说奥巴马是政客，但也因为奥巴马自身的一些言行冒犯了他心目中的底线而下决心不把票投给奥巴马。现居美国的北大毕业生龚小夏女士在个人博客里，提出她心目中选择总统的标准："首先是这个人对善恶有分明的标准。固然，政治家们会出于各种利益上的考虑而作出种种妥协，但是在一些原则性的问题上是否能够站得稳，并且不惜为坚持立场而付出政治代价，这是一个好的政治领袖的基本素质。其次，政治领袖不一定需要有非常丰富的经验（那对于年轻的领袖来说过于苛求），但是他们的工作记录必须显示他们为纳税人工作不畏辛苦、任劳任怨。那反映了一种价值取向。最后，政治领袖身边的亲密的朋友圈子反映了他们内心深处真正的情感和道德取向。特别是那些在他们未发迹的时候便交下、后来又长期保持着紧密关系的人，更加是反映这些领袖的人格与信念的镜子。"

龚小夏女士在博客里接着说，在2008年大选中，自己基于上述三个标准，经过再三犹豫之后，决定不选择奥巴马："在奥巴马十多年的政治生涯中，他从来没有为坚持某种政治原则而付出过代价。他的每一个决定，都经过仔细的算计，最后的选择无一例外都有利于促成他的个人政治前途。在需要作出困难选择的时候，奥巴马首先采取的办法是躲避。在伊利诺伊州当参议员的期间，奥巴马在130次需要作出困难决定的投票中投下了

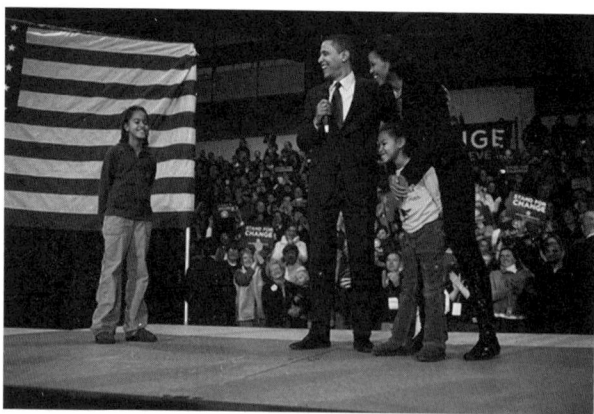
奥巴马的一家在竞选

'Present'（有点像清朝皇帝的批示'知道了'）。在联邦参议院中，奥巴马从来没有试图去与政治对手合作，而是完全按照自由派的路线去投票，这保证了他在民主党内的地位。相形之下，共和党的候选人麦凯恩有过许许多多按照自己的良心和原则而不是本党政治利益去投票的记录，以致到今日还有大批保守的共和党人坚决不肯将选票投给他。"

"第二，奥巴马缺乏经验是人所共知的。但更重要的是，在他有限的公共服务期间，他并没有将主要精力放在公众事务上，而是到处去给自己拉政治关系，为日后的竞选作铺垫。2004年进入参议院之后，作为新参议员，按照常规他应该努力学习如何推动立法。但是经过一番利益衡量之后，他撇下了本职的工作不做，而是逐个去为政客们竞选拉票，从而换取了党内的大批支持。因此，奥巴马是参议院中成绩最少的议员之一。比较一下，希拉里和麦凯恩在立法上都有非常显著的贡献。人们都知道，希拉里和奥巴马的差别，并不是政策上的而是作风上的——希拉里工作非常努力，而奥巴马却成天在外讲演。很多蓝领工人之所以不愿意将选票投给奥巴马，这是一个重要的原因。机械工会的工人曾经告诉我一个例子。2007年，印第安纳州有一家1600人的工厂要关门，工会需要政府拨款来进行职业培训。工会分别给希拉里和奥巴马写信。奥巴马一方根本没有回信，希拉里不但派人前往，自己本人也去了一趟，到州政府为这些工人争取到了一笔拨款。在希拉里退选之后，这中间的许多工人公开表示，坚决不肯支持奥巴马。这两种截然不同的工作作风，有本质上的意识形态根源，也就是对领袖与纳税人之间孰主孰次的看法。"

"最后，培养奥巴马出道的芝加哥'三一教堂'实在令我感到不寒而栗。这个教堂里面充满了各种各样疯狂的信念与举动，种族主义和黑人至上论在那里大行其道。能够在这个教堂中呆上二十年，奥巴马内心深处是否也认同那些极端的信条，实在令人生疑。起码，他听着那些话并不反感。将心比心，我在那里面连两分钟也呆不下去。要知道，领袖们内心深处的情感不仅会左右而且会推动他们的政策决定。奥巴马虽然会作激动人心的讲演，但他实际上是个基本不流露内心真情的人。他的感情，只能通过他愿意与什么样的人交朋友来判断。"

作者最后总结道："在这次竞选中，奥巴马很巧妙地将他自己做成了一个意识形态的空壳，外面非常漂亮，但是里面却没有什么内容。正因为如此，支持他的人可以将自己的想法放到这个空壳里面。在奥巴马身上，自由派知识分子看见了推行各种各样改革计划的机会，外交政策的鸽派看到了世界和平的曙光，黑人看到了自己种族地位的上升，年轻人看到了好玩的政治集会。可是，奥巴马这个看上去是空壳的葫芦里到底卖的是什么药？我想他的支持者们并不怎么清楚。至于我自己，看到狂热的年轻人和高高在上的知识分子结合在一起的群众运动，我本能是要躲开的。"

这篇文章对奥巴马的批评不能说一点道理没有，但还是忽略了美国总统大选中候选人的命运最后决定于中间选民和摇摆州的核心选战秘密，因而有点就事论事了。

从美国历史上的总统到现任总统和共和党参选人，为了适应选举的形势变化都是几次转换立场。奥巴马在初选结束后说话的口径和基调大变，开始明显向中间派靠拢，奥巴马这样做，并不能说明他是"变色龙"，但可以说他是一名务实主义者。向中间路线靠拢，并不说明他不诚实，而是为了拉拢立场摇摆的中间选民的迫切选战需要。

美国的选民有个倾向：大部分选民是选党不选人，这些人只选党，而不管是由谁出来代表党参选，这些人决不会因为副总统人选、代表大会成功与否而改变投票决定。各种各样的竞选花招根本无法改变他们基本的党派立场。

　　以对2008年9月26日举行的大选首场总统候选人辩论的观感为例，74%的民主党选民认为奥巴马表现较佳。72%的共和党选民则认为麦凯恩表现较佳。而《今日美国报》与盖洛普民意测验中心共同公布的民调则显示，46%的美国选民认为，民主党总统候选人奥巴马在26日的首场总统候选人辩论中表现较佳；只有34%认为共和党总统候选人麦凯恩表现较佳。这显示两党选民先入为主的观念强烈，各自支持自己的候选人，看完辩论后，只会更加强原先的支持度。因此，独立选民的看法较能反映实际情况。民调显示，43%的独立选民认为奥巴马表现较佳；33%认为麦凯恩表现较佳。

　　在本届大选中，抱持着前面所论述的爱国主义信念的奥巴马一直想打破美国选举政治中支持民主党的"蓝州"和支持共和党的"红州"的选民不看人选、不闻政见，只看党派、只认敌我来决定投票给谁的泾渭分明局面，奥巴马希望通过攻入"红州"来开创新的票源，这在一定程度上只能是个难以实现的梦想。很多保守的共和党选民仍然十分保守，共和党的一些铁盘依然十分坚固，因此，奥巴马的希望在于重点拓展自己在那些颜色不鲜明的"摇摆州"的支持度，把这些"摇摆州"摆平，自己胜选的几率就会大升。

　　自2000年美国大选以来，"红州"、"蓝州"的说法就开始在美国广泛流传。共和党得票较多的州称为"红州"，民主党得票较多的州称为"蓝州"。在媒体中，不同的投票结果导致不同的地区被涂上不同的颜色，可以便于选民辨别谁在某个地方获得了选举的胜利。两党得票差距越大，颜色就越深，而两党得票较为接近的"摇摆州"一般用紫色表示。这样用颜色反映政治，能够取得强烈的直观视觉效果。

　　2000年大选，布什赢得30州271张选举人票，戈尔赢得20州1区 266张选举人票，布什赢得2439个县，戈尔赢得674个县。因此，美国大多数地盘是"红色"的。2004年大选，布什赢得31州286张选举人票，克里赢得19州1区 251张选举人票（明尼苏达的1张投给了爱德华兹），布什赢得2530个县,克里赢得583个县。美国大多数地盘依然是"红色"的。

民主党的坚固阵地(指民主党能确保领先10%以上,括号后面是选票数,在总数538张的选举人票中,要赢得白宫宝座,至少要拿下270张选票。各州的选票按胜者通吃的原则全部归在该州获胜的候选人)有:加利福尼亚(55)、纽约(31)、伊利诺伊(21)、马萨诸塞(12)、马里兰(10)、康涅狄格(7)、艾奥瓦(7)、夏威夷(4)、缅因(4)、罗德岛(4)、特拉华(3)、哥伦比亚特区(3)、佛蒙特(3)。民主党占据优势的州(领先6%—10%)有新泽西(15)、俄勒冈(7)。

共和党的坚固阵地有:得克萨斯(34)、佐治亚(15)、北卡罗来纳(15)、田纳西(11)、阿拉巴马(9)、路易斯安那(9)、肯塔基(8)、俄克拉何马(7)、阿肯色(6)、密西西比(6)、堪萨斯(6)、内布拉斯加(5)、犹他(5)、爱达荷(4)、怀俄明(3)、阿拉斯加(3)、南达科他(3)。共和党占据优势的州有:佛罗里达(27)、密苏里(11)、亚利桑那(10)、南卡罗来纳(8)、西弗吉尼亚(5)、蒙大拿(3)、北达科他(3)。

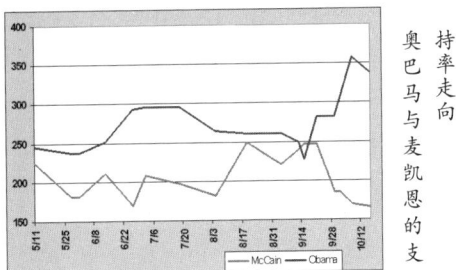

持率走向 奥巴马与麦凯恩的支

摇摆州中,倾向民主党(领先3%—6%)的有:华盛顿(11)、明尼苏达(10)、威斯康星(10)、新墨西哥(5)。倾向共和党(领先3%—6%)的有:印第安纳(11)。

差距在3%以内的摇摆州有:宾夕法尼亚(21)、俄亥俄(20)、密歇根(17)、弗吉尼亚(13)、科罗拉多(9)、内华达(5)、新罕布什尔(4)。

正是有鉴于此,2004年7月27日,奥巴马在美国民主党全国代表大会上发表基调演讲,雄心勃勃地宣布要打破这一局面:"当我们在这里聚会的时候,也有人正准备分裂我们,那些操纵舆论的人和制作负面广告的人,他们热衷于没有原则和不择手段的政治斗争。今晚我将告诉他们,不存在一个自由主义的美国和一个保守主义的美国,而只有一个美利坚合众国。不存在黑人的美国和白人的美国、拉丁族裔的美国和亚洲人的美国，而只有美利坚合众国。很多所谓的专家喜欢将我们的国家分割为红色的州和蓝色的州：红色的州由共和党人控制，蓝色的州是民主党人的天下。但我要跟他们说：我们'蓝州'的人信仰庄严的上帝，我们'红州'的人不喜欢联邦政府的官员在图书馆打探我们的阅读兴趣。我们在'蓝州'也给小棒球队做教练，我们在'红州'也有同性恋朋友。有些爱国者反对伊拉克战争，有些爱国者支持它。我们是一个民族，所有人都宣誓效忠星条旗，所有人都保卫美利坚合众国。"

2008年大选中，奥巴马面临的形势是：多项民意调查结果显示美国选民中保守派的比例接近四成，而自由派约占两成，这一结构和四年前大致相当。因此奥巴马深知，想要赢得大选，就必须吸引一部分保守派的选民的支持，所以他甘冒被标签为"墙头草"的风险，也要向中间向右靠拢，并且制定了雄心勃勃红变蓝的"50州战略"。不过随着选情的变化，奥巴马不得不放弃这一计划，奥巴马"没有'红州''蓝州'，只有美利坚合众国"的动人说辞似乎终究难敌选民的分化和政治的分野。对于2008年大选来说，情况只能是"没有美利坚合众国，只有'红州''蓝州'"。奥巴马的"颜色革命"理想可能终归只能停留在理想阶段。撼动红州眼看无望，摆平摇摆州才是决胜的关键。

还有一个现象，虽然近年来的大选都是"美国山河一片红"，但两党候选人的得票比例相差却并不很大。原因主要是：民主党的支持者大多分布在美国两岸沿海发达地区以及大中城市，这些地方往往人口密度很高；而共和党的支持者主要分布在美国内陆地广人稀的乡村地区。2000年大选戈尔在普选票上赢了布什，只是输了选举人票而惜败；2004年大选克里也只是输了300万普选票。这就形成了一个旅美学者薛涌提出的"陌生的美国"的概念。大多数人对美国的认知是一个自由派的美国：自由、多元化、政教分离、民权运动、女权主义、国际化大都市——这些概念对应的实体是纽约、波士顿和洛杉矶这些大城市；但同时也存在一个保守派的美国：那里的人们是虔诚的基督教徒，住在外国人不常到的内陆地区，从来不看《纽约时报》。随着20世纪七八十年代保守主义的崛起，美国逐渐成为

一个"右翼帝国",大选结果的"红州"、"蓝州"的分野似乎为此作了很好的注脚。

不过,2008年的选情也并非完全克隆2000年和2004年, 在2008年,越来越多的迹象显示经济问题正在给两大阵营的选民重新洗牌。CNN民调负责人表示:"在过去几周,俄亥俄州高收入的选民渐渐倾向于麦凯恩,而低收入者则支持奥巴马。经济问题正在将选民按照收入水平划分成两大阵营。"

在初选阶段,主要是民主党内部的争夺,因此奥巴马和希拉里比的是谁更能代表民主党,因此奥巴马的很多表态都显得很左,比如,2007年,奥巴马曾贬损北美自由贸易协定,发誓要强行重新谈判,甚至威胁要单方面废除同加拿大和墨西哥签署的协定。但初选获胜后,进入和共和党的对垒,立场就应该调整一下了。奥巴马改口说,过去对北美自由贸易协定说法"过火"了,他的经济顾问甚至私下告诉加拿大官员说,这只不过是一种拉票姿态,等于亮明奥巴马会支持北美自由贸易协定的立场。初选中,奥巴马信誓旦旦地表示要在"没有先决条件"情况下同伊朗谈判,两党对决中奥巴马说要有所"准备"才能启动谈判,而他的幕僚已经把"准备"当作先决条件。极端的立场会把中间选民推向麦凯恩那边,拿不到白宫的入场券,所有的雄心壮志都无法实施;因此不妨把奥巴马前后的表态都看作是妥协。奥巴马究竟是什么人,我们只能看他上任后会怎么做。历史学家达勒克(Robert Dallek)说,总统候选人愿意被人看作务实主义,他们希望自己的策略和转变都被看作对于崇高目标的追求, 那并不说明他们极端不真诚。

"奥巴马背后也有石油集团"

理解石油是理解美国的一个前提,石油的生产、交易和销售的整个流程是控制在少数金融寡头和石油巨头组成的联盟手里, 这个联盟的最大目标是将利润最大化。《石油战争》一书的作者、德国经济学家威廉·恩道尔强调，"石油价格完全是被华尔街和得克萨斯操纵的"，"我们过去的一个世纪是靠石油在发展经济；过去一个世纪的战争史就是英美金融和石油集团争夺石油资源的历史；同样，石油政治正在决定着世界新秩序"。

奥巴马承诺自己上台后会打击石油投机行为。2008年6月22日，奥巴马提出了缓解石油危机的六点方案，第一条的就是要打击因为安隆漏洞而出现的投机活动。所谓安隆漏洞（Enron loophole）是指美国国会在2000年通过的可以让安隆公司在原油交易上避免政府监管的一条法令。投机是国际油价上涨的主因，呼吁制止石油投机的声音日渐壮大，民间甚至出现了呼吁制裁石油投机的网站。奥巴马的计划自然为左派叫好。

在美国总统大选如火如荼地进行着的时候，美国商品期货交易委员会（CFTC）加强对原油期货市场监管的新闻不断冲击着市场上的投资者对国际油价走势的判断。在一次接受中国《第一财经日报》记者采访的过程中，针对国际油价炒作问题，恩道尔详细分析了油价与美国大选的关系、麦凯恩背后的石油力量、高盛怎样利用CFTC监管漏洞进行投机、CFTC加强监管的前景等，他认为，美国大选前油价或继续下跌，以便为共和党的候选人助选，他说："美国选民的主力是那些拥有车并在乎油价高低的人。自从油价上涨以来，很多美国人在加油站里做的唯一一件事就是盯着加油费用数字表看了。到现在，油价已经是影响投票风向的重要因素。如果油价和天然气价格继续高涨，那将对共和党继续执政极为不利。因此，布什总统在华尔街的盟友，比如高盛，加上他在得克萨斯的盟友，比如美孚，他们联手通过散布信息来操纵油价，使油价从7月中期开始回

《石油战争》中文版

石油对美国的政治影响巨大

落。""等到大选一结束，石油巨头们立刻会把油价再次抬上去。比如，按照高盛此前的预期，在年底的时候涨到150美元。"

恩道尔认为，美国政府对原油期货的监管是不力的。这使得基金在炒作原油方面有很大空间，也给了高盛这样的金融大鳄以很大机会，他说："似乎巧合的是，7月份同时发生了两件事：高盛鼓吹油价冲高150美元、远期冲高200美元的论调，这是将手中的仓位脱手的前奏。"事实上果不其然，国际油价在8月份一直下跌，到了9月份更是跌到100美元以下。

恩道尔认为，麦凯恩和奥巴马背后都有石油集团存在。他举证说，麦凯恩的外交政策顾问是亨利·基辛格，而后者是洛克菲勒集团的代言人。因此，有充分理由认为麦凯恩是石油利益集团的盟友。站在布什和麦凯恩背后的是同一批人：美国的"军工—石油复合体"。

至于奥巴马，恩道尔说："他不是一个成熟的政治家。不过我想谈的是另一个问题：奥巴马和麦凯恩都没有触及石油问题的本质。他们为了不引起那些开着车的选民的愤怒，回避了最具争议性的话题。"很多人认为奥巴马与石油绝缘，对此恩道尔强调："奥巴马的国家安全政策顾问是兹比格纽·布热津斯基。不过，他同时也是英国石油公司的顾问，这点很多人并没有提及。"恩道尔对奥巴马当选后美国在石油地缘政治上的政策不抱希望："两党候选人都是冷战遗产的继承者，即使奥巴马打出'变革'的旗号也不会改变很多"，"问题根本不是布什、麦凯恩说什么，更不是奥巴马说什么；而是石油公司利用舆论赢得利益"。

4

Cooperation and Competition with China

与中国：竞争加合作

"奥巴马和孙中山是校友"

"中国人已迈向太空，美国孩子的教育得抓紧"

"碳排放货币化：美国人在忽悠世界忽悠中国"

"确保和中国有足够的军事联络"

一、"奥巴马和孙中山是校友"

- ■ 夏威夷畔拿荷学校
- ■ 奥巴马的华人高参和盟友
- ■ 奥巴马领导下的美国不会停止遏制战略竞争对手
- ■ 奥巴马会和中国作出怎样的妥协
- ■ 华裔何时竞选美国总统

夏威夷畔拿荷学校

奥巴马曾经说，因为他出生在华裔聚居的夏威夷，所以他"从小就浸泡在亚洲文化之中，深受中国思维方式和文化的影响"，"那时候，我的左邻右舍中有许多华裔，他们的勤奋和努力给我留下很深的印象"。

巴拉克·奥巴马和中国民主革命的先行者孙中山这两位相隔一个世纪的人物却是校友，他们共同入读过的学校是美国夏威夷檀香山的畔拿荷学校。畔拿荷学校历史悠久，1882年，16岁的孙中山曾入读檀香山畔拿荷学校，比奥巴马早了89年，奥巴马是1971年10岁的时候进入该校的。

中山市文联主席胡波介绍："1878年，12岁的孙中山随母亲到檀香山投靠哥哥孙眉，在当地学校就读。1879年至1882年，孙中山在檀香山意奥兰尼学校读书，1882至1883年转到檀香山畔拿荷学校。"孙中山这次出国，开阔了眼界，增长了知识，他掌握了英语，

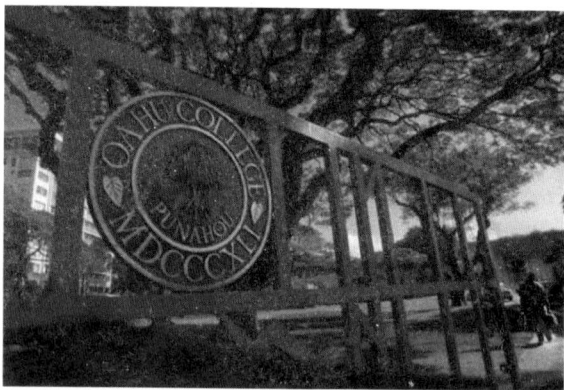
畔拿荷学校

遍览欧美书籍,孙中山后来说自己"始见轮舟之奇,沧海之阔,自是有慕西学之心,穷天地之想"。孙中山当年上课的老校舍、支付50美元学费的账单记录档案以及印有孙中山名字的学生名册依然完好地保存着。这个学校前些年由夏威夷孙中山基金会捐资提供了专项资金,用于对中国和檀香山学生交流的资助,最近还准备将孙中山念书的那个教室修建为纪念馆。

1971年,10岁的奥巴马返回夏威夷,家人把他送到畔拿荷学校。这是檀香山的一所贵族私立学校,奥巴马在那里插班读五年级,一直到1979年毕业考入大学。

奥巴马不仅和中国有些渊源,他和亚洲其他国家也有些渊源。童年时,奥巴马曾随母亲搬到印尼生活了一段时间,这使得他有机会进一步接触中国文化。"6岁到10岁时,我曾跟母亲和继父在印尼首都雅加达生活,当时有不少同学是华裔。课间休息时,我们会一起打球,常常玩得满身大汗。放学后,我也常常到他们的家里玩。尽管这些华裔同学的家里都很有钱,但他们对我非常好,这给我留下很深的印象,也让我学到了中国人的礼节。我甚至跟他们学过简单的中文对话。"

奥巴马曾兴致勃勃地谈起过:"我和中国很有缘,我还有一个有华裔血统的外甥女呢!"他的同母异父妹妹玛雅与华裔吴加儒在夏威夷大学东西中心结缘。奥巴马说,"妹夫一家子跟我走得挺近的,从他们一家子那里,我知道了春节对华人的意义,知道华人待人接物的特别方式,以及古老的中国文化。"

奥巴马的华人高参和盟友

在奥巴马团队中有一位居于决策核心地位的首席华人顾问，他叫卢沛宁，是奥巴马在哈佛法学院的校友，后来担任他的参议员助手。卢沛宁现年41岁，生于新泽西州，属于第二代美国华人。卢沛宁的父母都是20世纪六十年代从台湾到美国的留学生，这一点与奥巴马的身世背景较为相似。在进入哈佛大学攻读法学博士学位之前，奥巴马曾在芝加哥的西德利·奥斯汀律师事务所做实习生，而卢沛宁的妻子正是该所的合伙人。由于这层特殊关系，卢沛宁一家与奥巴马很早就认识。但真正让奥巴马与卢沛宁结缘的，还是他们1988年—1991年在哈佛大学法学院的同窗岁月，卢沛宁至今仍记得当年自己非常仰慕奥巴马的才华。2005年，奥巴马首次当选联邦参议员后，立即邀请卢沛宁担任他的顾问，卢沛宁也毫不犹豫地辞掉自己的工作，来到奥巴马身边，担任其参议员办公室立法主管。卢沛宁在一次接受美国《华盛顿人》杂志专访时称赞奥巴马"好比是一块空白的油画布景，可以吸引对美国政治生活有着各种各样期盼的人士，充分发挥自己的理解和想象力，去绘出各色各样的蓝图"。

薛海培是另一位奥巴马的华人顾问，他来自重庆，自称"是第一个来自大陆的国会说客"。薛海培是第一个在美国国会搞游说公关工作的第一代大陆移民，1991年，薛海培从威斯康星大学社会学硕士毕业后，一直在美国非政府机构和公关机构工作，为中国获得美国最惠国待遇、加入WTO以及要求日本向慰安妇道歉等问题曾不遗余力地在国会山开展游说活动。他说："我相信我是

奥巴马与卢沛宁

来自大陆的第一个在美国国会山从事游说工作的第一代移民，而在美国政府方面，我也还没听说有过来自中国的说客。这其中有部分应该归功于当年在四川外语学院接受的良好训练。"刚到美国留学的时候，他就参与游说国会通过中国留学生绿卡法案，后来法案获得通过。有媒体称，他对美国政治和美国国会在操作上的熟悉程度在华人中少有人能比肩。在2004年为民主党总统候选人克里助选后，薛海培这次又为民主党总统候选人奥巴马站台，成为奥巴马的亚裔事务顾问。

江俊辉，和奥巴马同属民主党，是在2008年民主党全国代表大会上发言的唯一华裔。2008年8月26日，民主党全国大会在丹佛市召开的第二日，加州亚裔官职最高的州主审计长江俊辉（John Chiang）应邀在大会上作简短演讲。江俊辉在加州是个几乎家喻户晓的政治明星。他拥有俊朗的外表和极有亲和力的谈吐，被美国媒体誉为政坛明日之星。被安排在选举年举行的全国党代表大会上演讲的人通常是各州备受尊敬的党代表，也可能是党内政治新星借此向全国亮相。江俊辉作为唯一在民主党全国大会上演讲的华裔代表，对华裔有重要意义。加州民主党亚太裔党团主席苏荣丽指出，随着亚裔、华裔在美国落地生根的时间越来越久，华裔逐渐融入社区，在美国出生成长的第二代华人会更多地参与政治、参加投票，这可以让华裔社区拥有更多的政治影响力。

奥巴马领导下的美国不会停止遏制战略竞争对手

世人对奥巴马有很多期待，他们期待奥巴马的登场会缓和美国外交政策上咄咄逼人的态度，会将美国政府的注意力多投入到美国国内，从而减少对世界热点地区的插手和干涉。在巴黎为《纽约时报》写专栏的罗杰·科亨说，能被法国人认同的美国好人不多，数起来也只有肯尼迪总统和夫人、伍迪·艾伦、麦克尔·莫尔、阿尔·戈尔等人，现在，只有一个美国好人，那就是巴拉克·奥巴马。在法国，奥巴马的照片贴得到处都是，甚至被某些社会主义者想象成切·格瓦纳。不仅在法国，在德国他也同样受欢迎。因为奥巴马被称为肯尼迪第二，而正是肯尼迪和赫鲁晓夫的会面，才推动德国人推倒柏林墙，走向统一。

奥巴马在柏林

但是，美国不会因为更换了一位总统就根本改变其本质，美国已经形成很多利益团体以及为这些利益团体进行游说的团体，美国的金融寡头们已经获得很大独立性并具有很强的掠夺性，这些势力都不会轻易从美国政治和国际舞台中消失。美国已经通过自己掌握的货币霸权、通过运用自己强大的金融力量发动了一场又一场金融洗劫，美国不会停止这种有利可图、不劳而获的行径，美国也不会停止从战略上来遏制现实和潜在的战略竞争对手。

苏联曾经是美国的心头大患，美国学者彼得·施瓦茨尔在其《胜利——美国政府对苏联的秘密战略》一书中透露：为了搞垮苏联，里根政府和中央情报局曾雇佣包括心理学、历史学和国际政治经济学等方面的一批专家，拟定瓦解苏联的"软战争"战略。根据该战略，美国政府借苏联同美国竞争的心理，推行"星球大战"计划，逼迫其片面发展军事工业以消耗经济实力。同时，针对苏联对石油出口的依赖，设法压低石油价格以耗尽苏联的外汇来源，迫使其陷入经济困境，进而瓦解苏联人对自身制度的信心。美国还蓄意误导俄罗斯走上自杀性改革之路，一度给俄罗斯带来了巨大的社会灾难。所幸的是，在普京领导下，俄罗斯已经改变了国家的衰颓局面。

1997年7月，为了解决美国经济停滞的"双赤字"问题，时任美国财长的鲁宾采用强势美元政策，索罗斯等金融大鳄通过对冲基金攻击全球金融体系，引发了东南亚金融危机。一开始，量子基金大量卖空泰铢，迫使泰国放弃维持已久的与美元挂钩的固定汇率而实行自由浮动，从而引发了泰国金融市场前所未有的危机。随后，危机很快波及所有实行货币自由兑换的东南亚国家和地区。1997年的这场金融危机使全球经济陷入通缩，资金回流美国，刺激美国高科技产业迅速发展，使美国经济重回上升轨道，打破了困扰美国的经济危机周期循环律，并大大缓解了"双赤字"问题。1997年的危机之后，港元便成为亚洲相对坚挺的货币，量子基金和老虎基金随即狙击港元，但香港金融管理局拥有大量外汇储备，加上当局大幅调高息率，使对冲基金的计划没有成功，但高息却使香港恒生指数急跌四成，对冲基金意识到同时卖空港元和港股期货，使息率急升，拖垮港股，就可获利。1998年8月索罗斯联手多家巨型国际金融机构同时冲击香港汇市、股市和期市，香港政府入市干预，这才避免了巨大的损失，但是，嗜血的国际金融大鳄们是不会善罢甘休的。

2007年，美国又发生次贷危机，卢麒元先生认为，这次美国玩的骗术是，通过将次级按揭产品证券化，将风险转嫁到全世界。在此之前，美国大量印美元制造流动性，通过"双赤字"（财政赤字和贸易赤字）将美元转化成为其他国家和企业（主要是创造价值国家和出口资源国家）的外汇结余，然后通过向全球推销美国房地产次级按揭产品证券吸收这些流动性，最后将全球美元货币财富转化为美国国民的实物财富。其他国家不仅没有得到实物资产，连美元纸币也没有得到，最后得到的是严重贬值的债券，辛辛苦苦赚来的美元变成废纸。这是一个完美的纸币换财富的游戏。

即使奥巴马上台当了总统，他也不可能放弃维护美国的国家利益这一根本立场，对于可能会给美国带来好处的"金融战争"，或者如宋鸿兵所言之"货币战争"，奥巴马恐怕也会不惮于去推波助澜。在奥巴马上台后，很有可能在能源问题上和粮食问题上，美国还有继续兴风作浪。

2008年6月7日，俄罗斯总统梅德韦杰夫在圣彼得堡国际经济论坛上批评道："许多主要专家认为，目前世界上多年的全球化趋势同个别国家保护本国经济主权，为本国公民谋取最大益处、所谓'不与邻国分享好处'的意图相碰撞的后果越来越严重。实际上，这里谈到的是日渐抬头的经济利己主义。"梅德韦杰夫说，从一方面来说，这种利己主义是任何经济活动的自然特点，对发展没有任何严重影响。"但从另外一方面来说，其表现的背后隐藏的是更为强硬的意识形态，可以被称之为'经济民族主义'。在这种情况下，实用主义利益不知不觉地为政治考虑所替代。""我认为，在目前的危急时刻，这种战略不是最好的解决问题的办法。当今世界已经是全球化的。在这种条件下，个别国家的政治失误、甚至是国家利己主义，将即刻对全球经济形势产生影响"。

对于中国，奥巴马曾经说，"中国正崛起，她不会停止，中国人既不是我们的敌人也不是朋友，他们是竞争者。"这就是奥巴马对中国的态度。不过奥巴马同时也承认，"最棘手的军事挑战不会来自中国"。在奥巴马眼中，中国给美国带来的最大挑战更有可能是经济上的，而非军事上的。正是出于这一考虑，奥巴马阵营在最近出版的竞选新书《下一个美国世纪》中首次全面谈到奥巴马对中美关系的看法，他强调两国在诸多安全利益上的一致性，表示"如果能当选总统，我将把外交重心转向包括中国在内的亚太地区。除了由于这一地区的经济增长态势，这里也存在许多美国外交政策需要面对的热点和潜在的热点问题"。

奥巴马会和中国作出怎样的妥协

西方民主制度的精髓是妥协。孙中山和袁世凯的妥协，就是想保全民主制度于纷争，避免内战的摊派。和孙中山同校的奥巴马，生长在美国的政治文化环境中，又是个民主党人，尤其是作为一名宪法学教授，应该更加理解西方民主制度的精髓。很多人认为，如果奥巴马当选美国第一位黑人总统，他会是位更好的妥协者。

世界上有许多拒绝照办西方发展模式而选择独立自主走自己道路的国家，从长远来看，这些国家的公民的政治参与也可以越来越高，但可以肯定，这一过程几乎全然不会受外来影响，更不会为外界强加。布什企图通过"十字军远征"模式传播"民主"的梦想在巴格达的街头已寿终正寝，变革必须来自其他国家的内部。在未来的国际事务中，美国必须放弃干涉和指责的大棒，这就需要出现一个妥协者，而奥巴马就是这样一位妥协者。

奥巴马曾担任过多年的美国宪法学教授，世人至今对美国制定宪法的历史功绩深表赞叹，认为美国宪法这一设计非常伟大，是近代历史上一个民族深思熟虑的成果。而美国宪法在制定过程中同样发生过激烈的争执，最终能够获得通过，是因为美国的开国先人们具有伟大的妥协精神。奥巴马是教宪法学的，他自然比其他总统竞选人更懂得妥协的艺术。

回顾1787年5月25日，费城首次召开具有重大历史意义的制宪会议。一个月后，最激烈的争论发生了，争论的焦点涉及国会议席的分配规则，尤其在如何分配参议院的议席问题上产生了重大分歧：大州以其纳税多、财政贡献大以及出更多的兵员为理由，要求在国会中占据更多的议席；小州则认为，州无论大小，主权平等，必须按某种平等原则来分配议席，否则，大家就散伙走人。会议陷入僵局。艰难时刻，富兰克林提出动议：每天上午开会之前，聘请牧师主持祈祷仪式，祈求上苍启迪智慧，保佑代表的讨论。当然，最终打破僵局依靠的不是祈祷，而是代表们的妥协精神。7月2日，会议设立了一个委员会，由各州各选一人参与设计妥协方案。7月5日，委员会提出建议：一、众议院的议席按一定比例的人口分配，众议院独享钱财提案发起权；二、参议院内各州席位一样。7月16日，会议代表通过了这一建议，达成最终的妥协，这被美国宪法史家称之为"伟大的妥协"（Great Compromise）——大州与小州在国会议席分配规则问题上的妥协。

奥巴马在竞选时就表示会寻求与伊朗对话，这意味着奥巴马可能会一改布什的不妥协色彩和强硬姿态，停止使用"邪恶轴心"等污辱性话语，在国际关系中更多地通过妥协来为美国赢取更大的回旋空间。

奥巴马成为总统后，将会同中国达成什么程度的妥协呢？奥巴马在一次电视辩论中曾这样说道，"有目共睹的是，中国正在崛起，他们不是我们的朋友或者敌人，而是竞争对手。尽管如此，我们还是要确保与他们拥有足够的军事联络，并在其他方面建立足够联系，以便我们保持（亚太）地区稳定，而这也是我担任总统以后的计划之一。"2007年，奥巴马在美国《外交》杂志上发表其外交政策概述时写道，"随着中国崛起，日本和韩国也崭露头角。我将致力于在亚洲形成一个更有效的框架，不仅限于双边协定、不定期峰会和诸如朝鲜问题六方会谈这样的特别会谈，我们需要和东亚国家建立一个综合机构，促进稳定和繁荣，帮助解决跨国危机。"

奥巴马的亚裔顾问薛海培说，奥巴马非常重视美中关系。薛海培是"美国华人全国委员会"主席，在2004年大选时的克里竞选团队中崭露头角，现在又为奥巴马进军白宫出力。2006年1月，奥巴马出任参议员第二天，便与共和党参议员科尔曼组建了一个"参议院美中工作小组"，打算通过全面美中接触和对话发展两国关系。尽管小组成立后不久，奥巴马便投入竞选总统的准备工作，但薛海培表示，这一举措说明他对中美关系的重视。薛海培说："这符合奥巴马竞选纲领的外交政策核心，即如果他当选总统，将把重心转向包括中国在内的亚太地区。其一是由于这一地区的经济增长态势，其二是由于他认为这里存在不少美国外交政策中面临和潜在的热点问题。"

华裔何时竞选美国总统

奥巴马是第一个在唐人街建竞选办公室的2008年美国总统竞选提名人。奥巴马说，"我有许多华人好朋友，他们是我的良师益友。"奥巴马当了总统对华裔有什么好处呢？奥巴马在接受华文媒体采访时曾承诺，他要是入白宫执政，"将在我的政府内以及联邦法官的层级任命更多的亚裔，出任这些高层职位"。一位美籍华人说，"如果奥巴马当选总统，那么我们的孩子有一天也会。"

奥巴马亚裔顾问薛海培说，如果非洲裔的奥巴马入主白宫，种族藩篱便会被打破，对华裔提高社会和政治地位自然有积极的影响。薛海培认为："很多华人不积极参与政治，并不是没有精力，而是只关注自己的个人生活，缺乏对公众生活的兴趣。"薛海培介绍，在全美435个国会众议员选区中，亚裔人口比例超过8%的已经有约45个。包括华人在内的亚裔选民如果积极投票，在这些选区发挥影响，完全可以对选举结果发挥关键性的作用，争取希望当选的候选人在某些议题上的支持。

据美国人口统计局公布的数据，截至2006年10月17日，美国人口突破3亿大关。在全国人口中，超过七成是白人，拉美裔占12.5%，为美国第一大少数族裔，非洲裔占12.3%。亚裔作为近年来成长最快的少数族裔，人口在2004年达到1437万。在亚裔人口中，有近300万华人，约占亚裔人口的20%，占美国全国人口的0.9%。换句话说，在每110个美国人当中，就有一位华人。在美国，汉语已经成为继英语和西班牙语后使用最为广泛的语言。美国华人在工商界和学术界人才辈出，取得的成就令世人瞩目。从教育方面看，美国25岁以上的人口中，获得学士以上学位的男性人口比例为26%，女性为23%，而华人男性为53%，女性为44%，居各族裔之首。但是华人在政治参与程度上则偏低，与在工商和学术领域的表现形成鲜明对比。原本华人对政治不闻不问，主要是华人并未感受到参政的重要性。但华人逐渐发现，如果不参与政治，当自己利益受到损害时总是得不到有力支持，新一代华人也缺乏归属感。因此，近年来华人开始明白了参与投票的重要性，参政议政的意识明显提高，华人参政已经有了一个良好的开端。

布什执政以来，任命了约70名华裔官员。美国劳工部长赵小兰、华盛顿州州长骆家辉更是华人参政的佼佼者。但从总体来看，在美华人参政热情仍然不高。知名鉴识专家李昌钰博士及纽约市议员刘醇逸等人曾组织召开过一次美国华人参政座谈会，李昌钰在会上强调，华裔要能真正立足美国必须打入主流社会，而打入主流社会的主要通道即是积极参与政治，但华人若不团结，就无法彰显力量，无

唐人街一幕

法受人重视,更起不了作用。华裔们应该明白"钞票不如投票"的道理。

有人担心华人初入政坛会受到歧视。歧视是难免的,华人可以借鉴美国国务卿康多莉扎·赖斯的经验,赖斯的父亲曾经告诉她:对待歧视之类的问题,不要企图否认它,也不要被它束缚住手脚(Don't deny it, but don't be defined by it),最重要的是做好自己的事,而不是别人如何议论。不要碰到点批评或困难,就整天垂头丧气,那样就正中别人下怀了。

华人还可以以在美犹太人为榜样。美国犹太人是一个十分特殊的群体,虽不及美国人口总数的3%,但其影响力,尤其是政治影响力却远远超出其他任何一个少数族裔。犹太人在美国参政有三大"法宝":一是为本民族谋福利的参政理念;二是积极主动的具体行动;三是注重发挥犹太人组织的作用,采取适当的策略对政府内外政策施加影响。

由于历史上的长期流浪经历和遭受排挤的苦难记忆,居安思危的忧患意识和挥之不去的"寄居者"情结,成为犹太人积极参政的主要动机之一。密苏里州圣路易斯市的"美国犹太人联合会"常务副会长巴里·卢森伯格认为,美国犹太人各派别围绕教育、宗教等社会问题有许多分歧,但在关系到犹太民族在美国立足的根本利益的"大是大非"问题上却是殊途同归,保持了高度的一致。这些问题主要有,对内:自由主义、多元化、政教分离;对外,维护以色列的利益,共同对付国际反犹主义等。在美国,多数犹太人对一个"好的犹太人"的定义是"能够为犹太人的事业作出贡献的人"。

美国犹太人参政的一大特点是"行动的巨人"。他们不但积极参与讨论涉及本民族利益的国家大政方针,而且积极投身于形形色色的政治活动。

美国有600多个犹太人组织,这些组织的政治活动对象不同,但目标基本一致,就是毫无保留地维护以色列的利益。他们的活动方式也类似,主要分为"公关"与"造势"两种。所谓公关,即通过支持亲以的候选人参加总统和国会议员的竞选,影响并监督国会议员投票,以及想方设法将反以议员拉下马等方式,直接对政府的对外政策施加影响。所谓造势,则是充分利用学术研究和媒体等平台,营造对美国犹太人和以色列有利的政治氛围。

美国接着几届总统将会更加关注中国,各竞选阵营中出现的,是一个相当强烈的共识,无论谁赢得总统大选,很可能都将会对中国展开一个更为持久的高级别的接触。这也为在美华人参政提供了一个历史性的机遇,因为兼具中美两国文化背景,美籍华人参政将大大有利于中美两国的合作互信和在美华人政治地位的提高,而参政的美籍华人本人也将获得更多的成功机会。美国华人在美国参政还可以为美国的相对衰落和中国的复兴做好战略准备。

二、"中国人已迈向太空，美国孩子的教育得抓紧"

■ "中国拥有上万亿美元的美国债券"
■ "美国乃至整个世界都能够受益于对华贸易"

"中国拥有上万亿美元的美国债券"

在2008年9月26日奥巴马和麦凯恩的首场辩论举行的时候，正是美国遭遇"百年一遇"的金融危机冲击的时候，美国国会拟定了7000亿美元的救市方案，美国政府提高了国家外债的上限，但是这次谁还肯掏钱来购买美国的国债来帮助美国救市呢？中国作为美国国债的第二大持有国，是美国人一定要求助的对象，所以在此紧要关头，两党候选人不约而同地小心谨慎地避免过多提到中国，因为既然不能在辩论中赞美中国的成就和模式，那么最好还是少批评中国为妙。因此我们看到，2008年的美国大选非常罕见两党候选人敢于像以前的一些候选人那样动辄拿中国说三道四。

这次辩论的议题原来定下来主要集中于外交，在花了半个小时聚焦美国当下最为迫切的经济问题后，两位候选人的注意力才回归到外交问题。议题主要集中在伊拉克（共提到38次）、阿富汗（提到34次）、俄罗斯（提到34次）、伊朗（33次）、巴基斯坦（提到20

奥巴马与麦凯恩

次）、本·拉登（7次），而关于中国两人总共提到只有5次。

第一次提到中国的是奥巴马，主持人问奥巴马：金融拯救计划将花去7000亿美元，如果你当选以后在预算上将放弃哪些项目来满足金融拯救计划的需要?这个问题很刁，奥巴马回答道：有些项目也许会被推迟，但是由于不知道税收情况，现在很难具体而言。然后他开始掰着手指头数哪些预算是不可以删减的：能源、医保、教育。在谈到教育的时候，奥巴马提到了中国，他说："中国已经发射了宇宙飞船和实现了太空行走，所以要保证美国的孩子们数学和科学教育不落伍。（China had a space launch and a space walk. We've got to make sure that our children are keeping pace in math and in science.）"这是整场辩论中第一次提到中国。

第二次提到中国的是麦凯恩。主持人问两位候选人,美国遇到了金融灾难,你们有什么样的新举措。回答这个问题时,麦凯恩提到了中国,他说:"我们今天面临重大困难的原因之一就是我们花钱大手大脚,我们欠了中国5000亿美元……我计划减少不必要的浪费和开销。(One of the major reasons why we're in the difficulties we are in today is because spending got out of control. We owe China \$500 billion……I got plans to reduce and eliminate unnecessary and wasteful spending……)"

辩论中最后一次提到中国的是奥巴马。奥巴马说过去八年布什政府和麦凯恩参议员一直把焦点集中在本·拉登身上,可是本·拉登还是活得好好的,可是"美国还在对付挑战,比如来自中国的挑战,我们向中国借了成百上千亿美元,中国拥有上万亿美元的美国债券。而且他们在拉美、亚洲、非洲一些国家还挺活跃。由于我们把注意力集中在伊拉克一个国家,中国在这些地区很活跃,与之相应的是我们在这些地区的缺席。(In the meantime, we've got challenges, for example, with China, where we are borrowing billions of dollars. They now hold a trillion dollars' worth of our debt. And they are active in countries like—in regions like Latin America, and Asia, and Africa. The conspicuousness of their presence is only matched by our absence, because we've been focused on Iraq.)"

据美国媒体报道,约三分之一的美国民众(9000多万人)观看了这场辩论,创下了美国历史上总统候选人公开辩论的新收视率纪录。辩论结束之后所做的民意测验表明,奥巴马以显著的优势领先麦凯恩。

"美国乃至整个世界都能够受益于对华贸易"

2008年9月,奥巴马撰文给中国美国商会,阐述自己的对华政策。中国美国商会是非营利性的机构,也是个利益团体,目前拥有2700多位会员,代表着大约1200家在中国从事商务活动的企业。商会设有40个行业论坛及专题委员会。奥巴马和麦凯恩都应邀撰文给这个商会说明各自的对华政策,两人的文章发表在这个商会10月份的月刊《中国简报》中。

奥巴马在文章开头称许中国近年来卓越的成就,随即给出了一些建议:"过去三十年来,中国取得了非凡而又持久稳定的发展。如今,数亿中国人民的生活状况比二十年前大多数人想象的还要好。但正如中国领导人所认同的那样,如果中国希望继续保持持久稳定的经济发展,就必须从根本上作出一些调整。中国必须采取行动,保护环境并减少能源密集型生产,推动国内消费使其成为经济增长的引擎,改善社会保障体系,同时鼓励技术自主创新。否则,未来中国或许远不能充分发挥其潜力。"

接着,奥巴马表达了期待美中加深合作的愿望:"我们知道,只要美中两国认识到我们的共同利益,就能在很多方面实现双方的目标。在过去几年内,美中两国在六方会谈中就朝鲜核问题的合作清楚地表明,我们双方能够开展建设性的双边合作,并与其他国家携手,缓解即便是格外敏感的问题所引起的紧张状态。"

奥巴马也期待与中国的成功合作能对美国有利:"美国支持并得益于亚洲地区的安全与稳定。我们需要化解造成地区紧张的主要因素。……中日两国关系紧张状态的缓解符合中日双方以及美国的利益。我们认为,只有完全取消朝鲜的核武器计划,同时实现朝鲜与六方会谈所有成员国之间的关系正常化,方能实现朝鲜半岛的稳定与和平。最后,同时也是迫在眉睫的,我们需要一个牢固的基础,与中国这个新兴经济体建立长期积极而具有建设性的关系……奥巴马政府将寻求与中国以及该地区其他国家合作的机会,从而推进地区的稳定与繁荣发展。亚洲的经济与安全形势正在发生着变化,这就要求我们特别关注和理解该地区的发展和演变。但美国希望该地区充满活力、保持稳定的愿望却始终未变。"

在做了如上一些铺垫后,奥巴马开始提及直接涉及中美两国的关键性问题,为了保证不会曲解奥巴马的原意,这里我们对其中涉及经贸的部分做一个比较完整的直接引用:

"贸易与投资有助于促进繁荣,而美中两国之间的双边经济关系是全球最大、最重要经济关系之一。美国与中国分别是世界第一大和第三大贸易国，最近几年，中国已经成为美国增长最快的主要出口市场。我深知，美国乃至整个世界都能够受益于对华贸易"，"我希望中国经济能够继续发展，其国内需求能够继续扩大，中国的勃勃生机与活力将继续为地区乃至全球繁荣作出积极的贡献。但中国目前的发展并不均衡，近年来，国内消费占GDP的比例实际有所下滑。为了增加国内需求，中国政府必须显著改善其社会保障体系，实现其金融服务产业升级，从而使国内消费与国际接轨"，"由于中国人为制定低货币汇率政策，使中国保持有巨大的国际收支经常项目顺差。这不利于美国企业和雇员，也不利于世界的发展，并最终可能造成中国国内的通胀问题"。

"成为总统，我将利用一切可行的外交途径寻求中国货币政策的改变……并试图解决在主要产业中对外国投资存在歧视性法规的问题，以及其他不公平贸易规则的问题。我将与中国政府合作建立更有效的体制，使双方国家能够对出口产品实施监管，并在发现危险产品时采取行动。"

"成为总统，我将采取强有力的、切实可行的措施来解决这些问题，在适当时候运用我们的国内贸易救济法以及世贸组织的争议解决机制。此外，两国经济事务领导人之间积极开展高层对话也对取得实质性进展有着至关重要的作用。针对两国的经济关系，我将采取积极的、具有前瞻性的做法：消除贸易障碍，从贸易中受惠，从而实现两国经济更迅速、更健康的发展。"

最后奥巴马也提到了在气候变化、非传统的安全威胁和人权方面两国的合作前景。

三、"碳排放货币化：美国人在忽悠世界忽悠中国"

■ "在未来的清洁能源问题上发挥真正的领导力"
■ "绿色霸权"
■ "碳排放货币化"

"在未来的清洁能源问题上发挥真正的领导力"

奥巴马进入美国参议院时一直尽一切努力支持美国实现能源自主，他认为，发展下一代能源将是这一代美国人所面临的最大挑战之一。他曾在参议院审查通过一项立法，让美国人有更多的机会用清洁的生物燃料给他们的汽车加油。他奋力消除现有法案中给予石油公司的税收优惠——在过去的十年中，石油公司在利润创纪录的同时，花了10亿美元游说国会。

2007年10月8日，奥巴马在新罕布什尔州普次茅斯发表题为《在未来的清洁能源问题上发挥真正的领导力》的演讲，透露出他心目中正在酝酿的雄心勃勃的美国新能源战略。在这次演讲之前，奥巴马曾经在底特律的一次演讲中展示了他的能源计划的第一部分——让汽车更省油、让燃料减排碳。这次演讲展示的是他的能源计划的第二部分——让美国领导世界对抗全球气候变化的一系列方案。奥巴马宣布："从我就任总统的那一刻起，我将召集科学家和企业家、产业和劳工领袖、民主党人、共和党人以及社会各界的美国人，帮助发展和应用下一代的能源，使我们得以建立下一代的经济。"在演讲中，奥巴马批评20年来美国政府让节能技术闲置，没有提高汽车的燃料标准，反而每天给世界上一些最危险的政权送去数亿美元来换取他们的石油："美国在外国石油上的花费是在为反恐战争的双方提供资金……这种钱让萌芽的民主腐化，让敌对政权的独裁者得以威胁国际社会。它甚至还为奥萨马·本·拉登提供了一个目标，他曾告诉基地组织'把行动集中在石油上，因为这会导致（美国人）自取灭亡'。"奥巴马断言："全球市场已经开始从化石燃料转移，问题不是可再生能源经济在未来是否会繁荣，而是在哪里繁荣。如果我们想要那个地方就是美国，我们就不能再坐以待毙了。"

奥巴马一直是乙醇燃料的支持者，他认为玉米乙醇是迄今为止美国人开发出的最为成功的替代燃料。但奥巴马也承认："事实上，玉米乙醇既不是应对我们能源挑战的完美答案，也不是永久的解决办法。对玉米乙醇的过分依赖存在合理的经济和生态担忧。即使我们将其产量提高至两倍或三倍，还不能取代我们对石油需求的十分之一。那就是我们为何必须投资下一代的高级生物燃料，如可以用柳枝稷和木屑等制造纤维素乙醇。若可以用木头生产生物燃料，新罕布什尔州身陷困境的造纸厂就可以重新开业。我们应该设定一个目标，到2013年首次生产20亿加仑的高级生物燃料。我们应该确保更多的当地农场和当地炼油厂有机会参与到这个新产业中来。"此外，奥巴马还主张投资像风能和太阳能这样的清洁能源，以便到2025年美国能够达到一个要求25%的电来自可再生能源的新标准。

核能也是奥巴马考虑扩大生产的目标，他说："我们还将开拓使用核能的更为安全的途径，核能现在占我们无碳电力的70%以上。我们应该加速研究安全处理核废料的技术。成为总统，我将继续从事在参议院就已开始的工作，确保所有的核材料在国内和全世界获得存储、保护和记录，不应有任何的捷径或管理漏洞。"

奥巴马宣布将从资金和政策上支持清洁能源技术，他说："很多这些清洁能源技术——从生物燃料、到太阳能、到碳汇——此刻正在美国各地的实验室和工厂里研发,问题是他们可能永远不会取得进展。美国的风险投资基金在研发上投资,做得很棒,但是我们在消除将新发现带到更广阔市场的风险还做得不够。因此,我们看到在美国发明的技术——如风涡轮、太阳能面板和节能荧光灯泡——在海外得到开发,然后卖回给美国的消费者。""当我当上总统,这将会改变。我会推出一个'清洁技术风险基金',在五年期间内每年提供100亿美元,让最有前途的清洁能源技术腾飞。这个风险基金将使新技术从实验室走向市场,使得未来几年的美国经济可以从美国技术创新中受益。""我们将大大提高我们建筑物的能效,在当今美国,建筑物目前几乎占所有碳排放的一半。当我成为总统时,我们将制订目标,在数年内使我们的新建筑物节能50%。联邦政府将带头到2025年使所有的建筑物实现碳中和。而且我将设定一个全国的目标,到

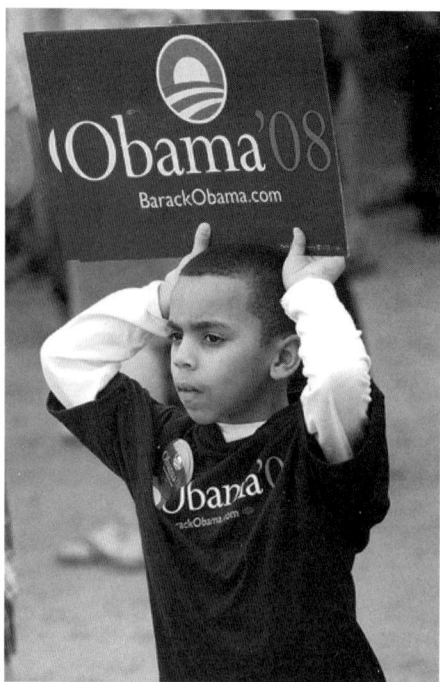

奥巴马的小支持者

2030年让所有在美国的新建筑物实现碳中和。""我们还将开始用数字智能电网取代过时的电网,我们就不会像2003年纽约大停电那样,损失宝贵的能源和数十亿美元的金钱。我们将在加州等州的带领下,改变公用事业公司赚钱的方式,让利润与我们使用能源的多少脱钩,而与我们节省多少能源挂钩。最后,我们知道,如果美国每一个家庭仅仅用五个节能荧光灯泡换下五个白炽灯泡,将去掉21个电厂的需求。我们会做得更好,我将立即签署一项法律,开始逐步淘汰白炽灯泡——此举将每年为美国

消费者节省60亿美元的电费。"奥巴马最后宣布了他的新能源战略的目标，其中包括"到2050年减排80%，到2030年取代三分之一的石油消费，到2030年将能效提高50%"。

对于自己的新能源战略以及美国在全球新能源开发上的领导地位，奥巴马充满信心地总结道，"自从一群普通的殖民者证明自由可以战胜专制的那一刻起，我们的国家就一直领先于世界。……美国正迎接挑战，美国已准备好再次领先。"

"绿色霸权"

奥巴马对于在美国推动实施新能源战略可谓不遗余力。竞选期间，奥巴马大多乘坐由特工人员驾驶的一架飞机和多辆轿车，往来于美国各地。他说："这些日子我不怎么开车，我买了一辆混合动力车，但多半把它停放在车库里。"2008年5月24日，奥巴马发表讲话说，如果汽油价格继续攀升，美国人将改变驾车习惯。"我们这个季度已看到这种情况：人们正在改变习惯。我们已看到运动型多功能车和大型卡车销量减少，中小型轿车销量大幅上升。"奥巴马把应对全球气候变暖列为自己的竞选重点之一。随着燃料价格飙升，他一再呼吁汽车制造商提高汽车燃油效率标准。他说："与过去相比，他们（汽车制造商）加大了在这方面的投资，联邦政府应该帮助他们。"

其实，奥巴马提出的新能源战略的背后动机恐怕不仅仅纯粹是为了解决美国的能源问题，美国的新能源战略和粮食武器战略是互相配套的。

2005年8月8日，伴随着国际油价的不断飙升，美国总统布什签署了"2005年国家能源政策法案"，提出到2012年美国可再生能源要达到75亿加仑，拉开了玉米行情暴涨的序幕；2007年12月18日，美国议会通过了《能源独立与安全法案》，该法案要求减小石油进口，大幅增加乙醇等生物燃料的添加比例，提出到2022年生物燃料的产量要达到360亿加仑，目前，美国已经建成114家乙醇提炼厂，还有80家工厂正在建设中。2006年乙醇产

奥巴马在人群中

量超过50亿加仑，比2005年增加了1/4，预计未来两年里可望新增60亿加仑的产能。这进一步扩大了对玉米的工业需求，这就必然会加剧世界粮价的上涨。

　　美国缺石油但有粮食，把多余的粮食转化为燃料有利于减少对中东石油的依赖，尽管乙醇燃料无法满足美国能源自足的目标，但是美国政府仍然全力推动乙醇生产。这是因为乙醇战略是美国粮食武器的关键一步。奥巴马在竞选期间承认："玉米乙醇既不是应对我们能源挑战的完美答案，也不是永久的解决办法。"但美国更深远的意图是借全球粮食供求矛盾的持续加大之势，通过政府的筹划和引导，主动创造出对粮食的有效需求，推升粮食价格，在全方位实现其农业政策目标的同时，创造出新的"粮食武器"，进一步巩固和提升其在国际粮食市场上的主导地位，同时推动美国新能源技术的研发和应用。美国的乙醇战略是损人利己的一招，其所造成的粮价上涨已经伤害到缺粮的国家，因此美国的乙醇战略虽不能真正实现能源独立的目标，但却有助于保持美国的超强地位。卢麒元先生认为，美国的新能源政策将迫使世界生活方式发生根本改变：

　　首先是绿色能源的理念，将使生物技术成果转化为强大生产力。资本、技术和劳动力将迅速流入第一产业——农业。新型农业将为美国带来生产力巨大的发展，将使美国劳动生产率迅速提高。

　　其次是新能源的理念，将引发新材料和新技术的产业化，将再次振兴美国的工业。节能产品的全球化普及，将极大地压抑传统制造业的利润空间。没有充足的科技与技术储备，没有强大的资本投入，后工业化国家将再次被打入价值金字塔的底层。

再次是新环保法律的全球规范化，将为美国提供全球干预的新理据。美国将凭借其强大的政治与军事影响力，干预其他国家的经济发展方式。在"民主霸权"之外，衍生出"环保霸权"。

卢麒元先生提出的有关美国会搞"绿色霸权"的预言使我们想起另一种推测，这种推测怀疑被不断炒热的全球"暖化"问题是否那么纯粹。气候变暖问题在2007年突然急剧升温，这的确是个非常突然的情况，值得很好地思考和研究。2008年初中国遭遇的重大气候变故特别是长江南北50多年未遇的暴雪，以及此前2005年欧洲曾出现的暴雪等等事实，让人怀疑全球气候变暖问题是否真的像世界主流媒体渲染的那样严重？答案很可能是：全球气候变暖又是个被炒作起来、至少是带有炒作成分的伪命题。之所以要炒作这个话题也是为了配合西方即将开始实施的"绿色霸权"的需要。

美国前副总统戈尔近年来非常卖力地在全球宣传环境保护和节能减排，为此荣膺诺贝尔奖。诺贝尔委员会说，授予戈尔诺贝尔和平奖是为了表彰他在改善气候变化问题上作出的贡献。但是，美国记者调查发现，戈尔本人使用的汽车却是马力极大的高耗能车。就在戈尔获奖的第二天，他所在的田纳西州就有一个组织便抛出戈尔一家数字惊人的电费账单，批评戈尔是个"环保伪君子"，说一套做一套。戈尔在田纳西州首府纳什维尔市贝尔米德地区有一幢豪宅，面积约929平方米，有20个房间和8个浴室。戈尔豪宅去年平均每月电费高达1200美元，比当地一般美国家庭一年的电费还多。账单显示，从2006年2月3日至2007年1月5日不足一年时间内，戈尔一家共计用掉19.1万度电。而该市一般家庭每年平均用电约为1.56万度，一般美国家庭全年平均用电约1.07万度。戈尔的案例堪称一则后现代寓言，它喻示美国的"绿色霸权"的大棒今后只会向别人挥舞，鸡毛掸子永远不会打在自己的屁股上。

奥巴马也在演讲中透露出美国即将在全球谈判中利用"全球暖化问题"使出"环保霸权"来打压其他国家的信息，"环保霸权"这一招将比关于

"人权自由"的一套说教更有力，美国也更容易把自己放在保护地球这一道德高地上来指责其他国家，从而迫使其他环保科技相对落后的国家购买美国的节能技术和环保技术。奥巴马说，"我将亲自和发达国家以及发展中国家最大的碳排放国的领导人接触，要求他们和美国一道建立一个新的'全球能源论坛'，为下一代的气候协议打下基础。这将补充——并最终融合——联合国正在进行的更大的谈判过程，以建立一个后京都框架。""如果我们能够在美国建立一个洁净煤厂，中国也能。如果我们找到利用下一代生物燃料的途径，印度也将知道如何做到。我们在应对贫困国家欠发达的同时，将利用我们的知识帮助他们减少气候变化的负面影响，并建设一个清洁能源的未来。"

美国推行绿色霸权的目的是为美国推行新能源政策铺设更平坦的道路。已经到来的石油危机将是美国产业革命的历史机遇期，在新能源法案的背景下，美国将"被迫"开始能源新政。这次能源革命，无异于一次新的产业革命。新的产业革命将大大拉开后工业化国家追赶的距离。

识破美国《能源政策法案》中的大阴谋的学者大有人在，2008年7月16日，李昌平在题为《美国正在主导未来世界格局之演变》的文章中也一针见血地指出，"美国《能源政策法案》是一个大阴谋"！他说："生物能源产业的出现，会对世界经济产生何等影响，经济学家们几乎一无所知。美元贬值和石油价格飙升，使生物能源产业变得前途无量，不仅一下子使最大的粮食出口国——美国更加有底气，还使人多地少、资源稀缺、且重仓美元的中、日、印、韩等国，损失惨重！美国不费力气就赖掉了数以万亿美元的外债。美国不仅由此成为生物能源产业的最大收益国，而且，生物能源产业导致的粮食危机还强化了美国的'粮食武器'，进一步巩固了美国的霸主地位。回过头去看《能源政策法案》，这不是一个简单的法案！是美国全球战略调整的起点，美元贬值、石油和粮食价格飙升，只是《能源政策法案》出台后的后续步骤。"作者最后的结论是："2005年8月，美国《能源政策法案》出台，世界格局将由此发生深刻改变。就像雷顿森林体系诞生和解体一样，历史将记住《能源政策法案》。"

"碳排放货币化"

美国前副总统戈尔在一次演讲中提到了美国在能源、环境和气候安全方面面临的尴尬境地:"我们从中国借钱来购买波斯湾的石油,在燃烧石油的过程中破坏地球。"戈尔为美国制定的方案是"停止对碳基燃料的依赖",要求国家"致力于在10年内实现电力100%来自可再生能源和真正清洁的无碳能源"。

当今世界,能源、环境和气候安全问题已经成为全球最高政治会晤的首要议题。这三大安全问题交织在一起,成为新的全球问题。高油价引发石油消费国民众的不安,也引发了对石油资源的争夺,中东和非洲等资源丰富地区则成为政治动荡之地。

一种观点认为:人类活动是造成全球变暖的主要原因。依赖化石燃料的另一后果是过度排放对环境和气候的破坏。因此,发展低碳经济是人类应对能源、环境和气候安全挑战的必由之路。

其实,无论是戈尔还是那些非政府组织的人士,他们那些漂亮话后面都有巨大的利益。

据世界银行和国际排放贸易协会(IETA)2006年10月的分析,就市场价值和成交量而言,欧盟是全球最大的碳排放交易市场,欧盟碳排放交易市场在2006年9月的成交额达到189亿美元。截至2007年9月,全球碳排放交易市场的成交额已高达375亿美元,国际碳市场的价格也从2005年的每吨约10欧元上升至2008年初的每吨17欧元左右。有机构估计,在未来的20年内,全球碳交易市场规模有可能将达到3万亿美元左右,这将是一个多么大的市场! 有权威人士认为,碳交易将成为一种硬通货。

在全球主流媒体的不断洗脑之下,拯救地球已经等同于减少碳排放,现在一些利益集团正在做的是,努力让世人相信减少碳排放就必须实行碳排放货币化。已有169个国家加入的《京都议定书》规定,至2012年,全球的温室气体平均排放量必须比1990年的水平低5.2%,允许成员国在不能实现减排目标时从拥有超额配额(或排放许可证)的国家购买一定数量的配额,即购买碳排放权。

据联合国和世界银行预测,全球碳排放权交易在2008—2012年间的市场规模每年可达600亿美元,到2012年将达到1500亿美元。中国目前已在全球每年碳排放交易约600亿美元的市场中占了四分之一的份额,正在日益成为最大的卖方市场以及众多欧美公司青睐的对象。2006年10月19日,英国的15家碳基金公司和服务机构组建了一个二氧化碳排放权交易组织,他们在北京、成都、重庆等地刮起了一阵所谓的"碳排放权货币化"风暴,因为当时他们手中握有数十亿美元的采购二氧化碳排放权的重金。

2008年9月上半月刊的《财富》杂志有一篇文章,题为《麦凯恩和奥巴马的绿色梦想:哪位候选人的能源计划会成为主流?》,这篇文章的作者认为:"为了应对全球变暖问题,下一任美国总统将亲历并监督国家经济朝着绿色新经济的过渡。……碳排放总量限制和配额交易立法是使各行业减少二氧化碳及其他引起气候变化的温室气体排放的最好办法,在这一点上,二位总统候选人的意见一致。政府可根据这项立法设定逐年递减的碳排放总量上限,同时发放允许产业界在不超过上限的范围内购买温室气体的排放权。麦凯恩倾向于到2050年将美国的二氧化碳排放量降至1990年排放量60%的水平,而奥巴马的目标则是80%。"即使美国减少了60%的碳排放量,那么这节省出来的配额一旦拿出来交易也是一笔相当可观而稳定的收入,这就是在节能技术走在前面的美国这些年来不断推销"碳排放货币化"的深层动机。如果这一制度一直实现下去,中国将为之付出更大代价,因为中国目前的二氧化碳排放量几乎已经达到世界第一的程度,而中国的节能减排技术在短时间内是不可能产生很大飞跃的,随着经济的发展,中国的碳排放量可能还会上升一段时间,在这种情况下与国际"接轨""碳排放货币化",只能是正中戈尔之流的下怀。清华大学低碳能源研究所的所长在胡锦涛主席参加G-8会议前曾经给政治局委员上过课,令人欣慰的是,胡锦涛主席在那次会议上带领发展中国家拒绝作出到2050年减排一半的承诺。

四、"确保和中国有足够的军事联络"

■ "要想让中国成为规范的'执行者'，就要让中国首先成为规范的'制订者'"
■ "奥巴马是带领美国进入相对衰落期的最佳人选"

"要想让中国成为规范的'执行者'，就要让中国首先成为规范的'制订者'"

2005年1月5日，奥巴马出任参议员第二天，便与共和党参议员科尔曼组建了一个"参议院美中工作小组"，打算通过全面美中接触和对话发展两国关系。尽管小组成立后不久，奥巴马便投入竞选总统的准备工作，但薛海培表示，这一举措说明他对中美关系的重视。奥巴马亚裔顾问、"美国华人全国委员会"主席薛海培对此评价道："这符合奥巴马竞选纲领的外交政策核心，即如果他当选总统，将把重心转向包括中国在内的亚太地区。其一是由于这一地区的经济增长态势，其二是由于他认为这里存在不少美国外交政策中面临和潜在的热点问题。"由于奥巴马外交经验不多，与中国还没有过直接接触，所以在竞选演讲和辩论过程中，确实没有在中国问题上多做文章。奥巴马在一次电视辩论中曾这样说："有目共睹的是，中国正在崛起，他们不是我们的朋友或者敌人,而是竞争对手。尽管如此,我们还是要确保与他们拥有足够的军事联络,并在其他方面建立足够联系,以便我们保持亚太地区稳定,而这也是我担任总统以后的计划之一。"

2008年9月,奥巴马撰文给中国美国商会,阐述自己的对华政策。奥巴马表示期待看到中美两军加强沟通和交流:"在过去30多年里,美中两国已经建立了成熟而广泛的合作关系。但如果我们希望建立高度互信,而这种互信正是在这一快速变化的地区开展长期合作所必需的,我们仍需付出巨大的努力。两国都对对方的长期意图有着很深的顾虑,而这些顾虑是不会自行消失的。在气候变化等这些持久的全球重大挑战方面展开合作能够加深理解、提高信心。此外,我们还需要深化经济、安全和全球政策问题方面持久的高层对话。两国军方不仅应当增加接触的次数,同时也应当提高双方沟通交流的质量。"

南加州华人评论家史学颖预测奥巴马领导下的下届美国政府的对华政策说,无论哪个政党上台,他们的对华政策都不可能作出太大改变。如果民主党上台,鉴于奥巴马缺乏外交经验,奥巴马政府未来的外交政策可能由拜登主导,以往克林顿政府时期的知华派伯德、李侃如、卜睿哲、兰普顿等有希望发挥更大作用。如果麦凯恩上台,美政府中的保守主义成分将浓厚一些。他注意到,麦凯恩在最近的讲话中都回避谈一个中国政策。

奥巴马目前有个类似小国务院规模的300人外交政策团队,包括亚洲组、欧洲和俄罗斯组、美洲组和非洲组。亚洲组最大,有60个人,其中15位是专门研究中国问题的专家,而总负责人就是奥巴马的首席中国问题顾问杰弗里·贝德。奥巴马对贝德信任有加。如果民主党在11月的大选中获胜,他们还很有可能进入美国新一届政府。

现年62岁的贝德属于美国第三代中国问题专家,是布鲁金斯学会资深研究员、约翰·桑顿中国问题研究中心主任。他是克林顿内阁负责亚太事务的助理副国务卿,后被委任国家安全顾问委员会亚洲部主任。2000年,他曾担任美国助理贸易代表,亲历了中国"入世"谈判。作为奥巴马的首席中国政策顾问,贝德并不同意美国常用的形容中美关系的两个词语

"接触"和"防范"，他更愿意用"竞争"和"合作"来概括奥巴马的对华政策。他说，奥巴马将继续在朝核、气候变暖等问题上和中国保持合作，但他也会敦促对贸易协议的实施进行更严格的监督。贝德说，在利用世界贸易组织解决贸易争端方面，奥巴马会比布什更为积极。奥巴马将敦促中国改善知识产权保护体系、调整工业补贴政策。奥巴马支持通过立法敦促中国让人民币升值，不过不会把立法作为解决贸易纠纷的首要手段。

另一位重要的中国问题专家是何汉理，何汉理的英文名是哈里·哈丁，曾担任克林顿内阁的特别国家安全顾问。美国前国务卿鲍威尔曾经把中美关系定义为"战略竞争对手、经济合作伙伴"。何汉理提出了与鲍威尔恰恰相反的观点，他认为中美两国应该是"经济竞争对手、战略合作伙伴"，两国格局可以用"复杂"来形容。何汉理颇受拜登赏识。何汉理提出，如果美国希望中国成为"负责任的利益相关者"，就得了解中国政府的思维方式，了解在哪些情况下中国更愿意接受国际规范。要想让中国成为负责任的规范"执行者"，就要让中国首先成为规范的"制订者"。

"奥巴马是带领美国进入相对衰落期的最佳人选"

从长期来看，美国将不可避免地走向相对衰落。现年75岁的挪威政治学家约翰·加尔通预言：美国称霸的日子已经屈指可数，美国将在2020年崩溃。1980年，约翰·加尔通就预言苏联将会崩溃，他诊断出苏联内部6对矛盾，他认为，当人们试图缓和一个矛盾时，其他矛盾就会凸显出来，最后精疲力竭的人们就会气馁。他认为美帝国主义正在走下坡路，1999年他列出美国面临的15对矛盾，其中第4项是国家恐怖主义和恐怖主义之间的矛盾。美国杀死其他国家这么多人，不遭到还击是不可能的。如果美国承认世界经济平等，愿意在政治上以一个普通国家的身份出现，并且放弃它在目前派有驻军的140个国家的军事存在，也许能幸免于沉重的毁灭。

在美国不断策动和制造别国的危机的同时，自己国内也面临从内部爆发的危机，除了不同族群之间的紧张关系（从近期看美国黑人和美国墨

奥巴马与支持者握手

西哥裔居民之间的紧张关系尤其值得关注)外,美国内部各个州对继续维持一个团结的联邦的态度也并非一成不变。比如,由于不满布什政府的内部腐化和穷兵黩武,美国东部新英格兰地区的佛蒙特州就在酝酿脱离联邦宣布独立,成立佛蒙特共和国。佛蒙特早在美国独立革命开始的第二年(1777年)就已脱离英国,成为独立国家,一直到1791年佛蒙特方才加入美国联邦,成为一州,那已是美国宪法颁布四年以后的事了,所以佛州引以为傲的是:他们的独立历史可以追溯到230年前,和美国宣布独立只差一年而已。

佛州政治另一特色是始终实行直接民主,全州最高民意机构是市民大会,全州237个城乡,每一城乡都有一个市民大会,作为市民最高立法机关。所以人民真正参与所在地的政治。可是佛州人现在感到挫折的是,他们连自己本州的国民兵都不能自行调遣了,而被联邦政府征调到伊拉克参加一场不义的战争。早在1991年,佛州的七个市民大会辩论(平均每一市民大会有230人参加)应否独立的问题,居然有62%的人赞成独立。真正推动佛蒙特的第二共和国的运动始于2003年,这个运动的灵魂人物是美国南方杜克大学的退休经济学教授托马斯?奈勒,他的目标是完成其祖先未竟的脱离联邦的大业。2005年10月,佛州已开过全州脱离联邦的大会。2012年,佛州的两百个市民大会将进行投票,表决佛州应否脱离联邦独立。

2008年4月30日,一个夏威夷土著组织——"夏威夷王国政府"中的大约60人封锁了夏威夷古王宫的所有大门,并宣布将此作为夏威夷王国政府所在地。"夏威夷王国政府"组织称夏威夷王国是被非法推翻和吞并到美国的。1893年，一群政客和商人在美国人的帮助下发动政变。在美国军队的威胁下，夏威夷王国的女王被迫退位。1898年美国西班牙战争后，美国吞并了波多黎各、夏威夷、关岛和菲律宾。"二战"后，菲律宾独立，而关岛和波多黎各继续是美国的领土，而夏威夷在1959年成为美国的第50个州。"夏威夷王国""国家元首"马埃拉尼·卡奥说，他们不承认夏威夷是美国的一个州。他们说："夏威夷王国政府来到这里就不准备离开。从今天开始，我们每天都将在这里履行职责。"夏威夷古王宫建于1882年，由卡拉卡瓦国王下令建造，他的妹妹、夏威夷最后一任国王也曾经居住在这里，现在辟为博物馆。博物馆方面说，"夏威夷王国政府"组织向他们递交书面通知，将这里作为"夏威夷王国政府"所在地。夏威夷州土著参议员卡拉尼?英格利希来到现场，与示威者谈话，并派助手给示威者带来食物。他表示："这是夏威夷人民对失去主权和土地不满的表现。这是象征性的，这是一个宣言，表达出了夏威夷人民的苦痛。"1993年，经美国国会批准，时任美国总统的克林顿签署法案，为100年前推翻夏威夷王国而道歉，承认夏威夷土著从未直接放弃对夏威夷的主权要求。

而此前不久的2007年12月20日，在美国居住的印第安人拉塞尔·明斯在记者会上也曾郑重宣布："我们不再是美利坚合众国的公民，所有生活在我国（印第安人达科他国）周围5个州的人都可加入我们，（我们）将会给所有愿意放弃美国国籍的人发放新的护照和驾照。"

回顾历史，审视当下，我们发现美国已经显现出西班牙帝国、海上强国荷兰和工业化英国在由鼎盛时期转向衰落时期共同表现出来的一些特征：一是事情不再有正确的理解；二是褊狭或狂热的宗教；三是军事或帝国野心过大；四是经济两极分化；五是金融业地位上升到替代工业的地步；六是债务过重。这些致命伤今日美国全部都有。

曾经在广州中山大学任雅礼协会教师，并在南京大学-霍普金斯大学中美文化研究中心学习的美国学者包立德（Alexander Brenner）认为，世界的经济力量将逐渐向以中国为核心的亚洲转移。与此同时，奥巴马将是带领美国优雅地进入相对衰落期的最佳人选。奥巴马是唯一一个表示将

奥巴马

约翰·克里
民主党参议员

拉里·萨默斯
前财政部长

希拉里
前第一夫人

哈格尔
共和党参议员

鲍威尔
前国务卿

鲁格
共和党参议员

琼斯
北约前任指挥官

沃克尔
前美联储主席

卡洛琳·肯尼迪
前总统肯尼迪之女

可能的团队

与世界上所有国家——包括伊朗、古巴和朝鲜——的领导人进行直接对话的候选人。这也是软实力不断衰落的美国不得不采取的姿态,处于相对衰落期的美国将不得不选择一个更善于妥协的美国领导人。

Appendix

附 录

奥巴马的简历

个人及家庭情况

全名:巴拉克·侯赛因·奥巴马(小)(Barack Hussein Obama Jr.)

生日:1961年8月4日(美国夏威夷檀香山)

家乡:雅加达(印度尼西亚);檀香山(夏威夷)

配偶:米歇尔·罗宾逊·奥巴马

子女:玛丽·安·奥巴马、萨莎·奥巴马

信仰:联合基督教会

现居:芝加哥

教育经历

哈佛大学法学院,法律博士,1991

哥伦比亚大学西方学院,文学士

畔拿荷学校

职业经历

邻居和技术中心

库克县律师协会

库克县律师协会社区法项目

乔伊斯基金会董事会成员

芝加哥森林基金会

公共服务

伊力诺依州,州议会参议员,1997年—2004年

美国国会参议员,代表伊力诺依州,民主党,2005年至今

著 作

《我父亲的梦想:一个关于种族和继承的故事》

《大无畏的希望:重申美国梦》

奥巴马的经历

1961年8月4日，巴拉克·侯赛因·奥巴马（Barack Hussein Obama）出生于美国夏威夷州檀香山，父亲老巴拉克·奥巴马（Barack Obama, Sr.）是来自肯尼亚的黑人。母亲雪莉·安·邓纳姆（Stanley Ann Dunham）是出生在堪萨斯州威奇托的白人女教师。

1967年，6岁的奥巴马随母亲来到印尼并生活4年。

1971年，10岁的奥巴马回到夏威夷，与外祖父母生活在一起。从五年级开始，奥巴马就读于位于檀香山的大型私立学校畔拿荷学校（Punahou School），并在这里读到12年级，

1979年，18岁的奥巴马高中毕业，在加州西方学院（Occidental College）学习了两年，1981年转到纽约市的哥伦比亚大学的哥伦比亚学院，并在那里主修政治学，重点研究国际关系。

1982年11月，奥巴马21岁时，父亲在肯尼亚遭遇一场车祸去世。

1983年，22岁的奥巴马获哥伦比亚大学文学学士学位。开始在华尔街的咨询公司工作。

1985年，24岁的奥巴马搬到芝加哥，受雇于一家民权组织，担任社区"组织者"（community organizer），主导一个非营利计划，协助当地教堂为穷困的居民组织职业训练。

1988年，27岁的奥巴马第一次回到肯尼亚"探亲"，回国后进入哈佛法学院攻读博士学位。

1989年，28岁的奥巴马在Sidley Austin LLP律师事务所工作，期间结识了律师助理米歇儿·罗宾逊，后与之结婚。

1990年2月，当选《哈佛法律评论》首位非洲裔美国人主席，奥巴马首

次获全国性认可。

1991年，奥巴马以"极优等拉丁文学位荣誉"（magna cum laude）获得哈佛大学法学博士学位并回到芝加哥，主持了一次选民登记运动，进入Miner，Barnhill & Galland民权律师事务所工作。

1992年，31岁的奥巴马与米歇儿·罗宾逊结婚。

1993年，开始担任芝加哥大学法学院宪法讲师，从1993年至2005年一直担任该职，期间晋升为教授。

1995年，奥巴马出版了其青年及早期事业的回忆录《我父亲的梦想》。该书于2004年重印。

1996年，奥巴马第二次访问肯尼亚。

1996年，35岁的奥巴马从芝加哥第十三区，南部的海德公园（Hyde Park）区被选入伊利诺伊州参议院。

1999年，38岁时，女儿玛丽亚（Malia）出生。

2000年，奥巴马竞选国会众议员失败，转而专注于州参议员工作，编撰了要求对可能判死刑罪犯的审问必须录像的法律。

2001年，奥巴马40岁，女儿萨沙（Sasha）出生。

2002年，连任伊利诺伊州参议员。

2003年1月，奥巴马被提名为州卫生与公众服务委员会主席。在奥巴马的立法提案中，他帮助编撰了有利于低收入家庭的《工作所得抵税法》，还通过立法工作为无法承担健康保险的居民谋取福利，并帮助通过了增加对艾滋病预防和病人照料项目增加投入的法案。

2004年7月27日，43岁的奥巴马在美国民主党全国代表大会发表"基调演讲"，成为全国知名的政治人物。

2004年11月，奥巴马高票当选国会参议员，成为美国历史上第5位本届国会中唯一的黑人参议员。

2005年1月4日，奥巴马正式宣誓就任美国第109届国会参议员，旋即加入参议院外交委员会。

2006年1月，作为美国国会参议员的奥巴马与共和党参议员科曼组建了一个"参议院美中工作小组",计划通过全面美中接触和对话发展两国关系。

2006年,奥巴马第三次访问肯尼亚,拜访了生活在乡村的祖母。

2006年9月,奥巴马成为艾奥瓦州议员汤姆·哈金的野餐会上的主要演讲者,这一年度政治活动传统上由艾奥瓦州政党核心会议中有希望竞选总统的候选者参加。

2006年10月,《大无畏的希望》出版,该书论述了奥巴马的政治理念,自出版后在《纽约时报》图书排行榜上一度名列前茅。在参加电视访谈节目《会面新闻界》时,奥巴马表示可能会参与2008年总统竞选。

2006年12月,奥巴马在新罕布什尔州发表演讲,庆祝民主党在全国中期选举中的首场胜利。

2007年1月,46岁的奥巴马开始组建自己的竞选团队,并将竞选总部设在芝加哥。

2007年1月16日,奥巴马宣布他将向联邦竞选委员会提交书面文件,正式建立自己的选举试探委员会(Exploratory Committee)。

2007年2月10日,奥巴马正式宣布参加2008年美国总统大选。其竞选纲领侧重结束伊拉克战争及实施全民医疗制度。

2008年1月3日,奥巴马在艾奥瓦州民主党初选中胜出。

2008年6月3日,奥巴马在明尼苏达州圣保罗举行集会时正式宣布自己成为民主党总统提名人。截至3日晚,奥巴马已经获得了2129个代表席位,超过获得提名必需的2118席,从而战胜前第一夫人、纽约州参议员希拉里成为民主党候选人。

2008年8月27日,奥巴马在科罗拉多州丹佛市召开的民主党全国代表大会上正式获得民主党总统候选人提名。

参考文献

文　章

资中筠：《论美国强盛之道》(上)，《学术界》2000年第6期。

资中筠：《论美国强盛之道》(下)，《学术界》2001年第1期。

陆祝明：《看美国媒体新闻要保持清醒的头脑》，2006年6月19日《星岛日报》。

张国庆：《奥巴马的"改变"之路》，2007年1月19日《北京青年报》。

周琪：《美国学界精英提出美国新战略"新干涉主义"》，2007年4月13日《中国新闻周刊》。

李雾：《奥巴马的信仰》，2007年7月19日《南方周末》。

吴澧：《希拉里对阵奥巴马：孰为"红酒"孰为"啤酒"》，2007年9月30日《南方周末》。

安替：《美国总统选举的金钱攻防战》，2008年1月21日《南方都市报》。

阮晓琴：《美国力挺燃料乙醇拉高中国玉米价格》，2007年1月26日《上海证券报》。

张辉：《奥巴马—阿克塞尔罗德：两个"混混"演绎传奇》，2008年2月1日《环球人物》。

陶杰：《奥巴马只是情事，麦凯恩才是婚姻》，2008年2月3日《苹果日报》。

巫楠：《加州：选民代沟分裂》，2008年2月8日《财经》网络版。

陈竹：《为什么要选奥巴马？》，2008年2月12日《财经》网络版。

徐冰川：《他让麦凯恩起死回生》，2008年2月13日《天津日报》。

阎丘露薇：《比尔给太太帮了倒忙》，2008年2月14日《外滩画报》。

柯翰默：《大无畏地兜售希望》，2008年2月15日《华盛顿邮报》。

陈竹：《希拉里怎么了？》，2008年2月15日《财经》网络版。

曾左韬：《现代战国策——美国的乙醇战略》，2008年2月15日《乌有之乡》电子杂志。

吴晓鹏：《奥巴马的中国竞选团》，2008年2月18日《21世纪经济报道》。

许刚：《空虚的"经验"与并不空虚的"希望"——2008年美国总统大选评析》，中国选举与治理网2008年2月29日。

何亮亮：《奥巴马革命？没这回事！》，何亮亮凤凰博客2008年3月2日。

梁文道：《奥巴马的胜利是修辞学的胜利》，梁文道凤凰博客2008年3月7日。

基甸：《种族、宗教、政治——奥巴马和他的牧师》，哼小调的哈比人新浪博客2008年3月20日。

程巍：《奥巴马的危机演说》，2008年3月26日《世界新闻报》。

王晋燕：《"颜色革命"策动者阴谋中国》，《环球人物》2008年第4期。

马欣原：《从美国生物能源战略看"粮食武器"运用》，2008 年4月29日《中国证券报》。

杨鸿玺：《军工和石油集团大发横财 美在伊拉克并非失败》，人民网2008年5月4日。

史丹：《奥巴马：我的父亲母亲》，2008年5月14日《外滩画报》。

孙晓光：《奥巴马：变革的勇气？理想的泡沫？——〈希望的勇气〉读后》，开复学生网2008年5月14日。

温俊华：《奥巴马："步步为赢"四步走》，2008年5月18日《广州日报》。

龚小夏：《我为什么不选择奥巴马》，龚小夏天涯社区博客2008年6月22日。

陈晓晨：《油价？美国政治的游戏！——访著名经济学家、〈石油战争〉作者威廉·恩道尔》，2008年9月14日《第一财经日报》。

[美]爱德华·科迪:《塔利班的"藏着等"战略失败了》,2001年12月22日《华盛顿邮报》。

[美]麦凯恩:《正当的理由正义的战争》,2003年3月12日《纽约时报》。

[美] 奥巴马:《在未来的清洁能源问题上发挥真正的领导力》(演讲),奥巴马竞选总统官网2007年10月8日。

[美]布隆博格:《一场我们可以共赢的比赛》,2007年12月22日《新闻周刊》。

[美]约翰·朱迪斯:《奥巴马,美国式亚当》,2008年3月12日《新共和》。

[美]奥巴马:《一个更加完美的联邦》(演讲),费城,2008年3月18日。

[美]伊曼纽尔·沃勒斯坦:《伊拉克战争将如何结束? 》,2008年6月1日《评论》。

[英]《经济学人》:《巴拉克·奥巴马的妻子是他的支柱还是令他痛苦的另一半? 》, 2008年7月3日《经济学人》。

[美]丽莎·米勒、理查德·沃非:《信仰之路》,2008年7月12日《新闻周刊》。

[西] 安德雷乌·马蒂:《美国是世界最大毒品市场和头号洗钱大国》,2008年8月3日《起义报》。

[美]斯蒂芬·米姆:《末日预言家》,2008年8月15日《纽约时报》。

[美] 托马斯·弗里德曼:《危机之后, 我们一无所获》,2008年9月27日《纽约时报》。

[美]保罗·克鲁格曼:《凌晨三点的电话》,2008年9月28日《纽约时报》。

[美]米切尔·库柏:《奥巴马的本来面目》,2008年10月6日《纽约时报》。

[美]保罗·克鲁格曼:《戈登做得好》,2008年10月13日《纽约时报》。

Barack Obama: *Time to reclaim America's promise*, CNN.com., Wednesday, July 28, 2004.

Gary Hart: *American Idol*, The New York Times. December 24, 2006.

Barack Obama: *Renewing American Leadership*. Foreign Affairs. July/August 2007.

Barack Obama: *the new JFK*, commentisfree.guardian.co.uk. July 25, 2007.

Frank Rich: *Who's Afraid of Barack Obama?* The New York Times. December 2, 2007.

Daniel Pipes: *Was Barack Obama a Muslim?* FrontPageMagazine.com. December 24, 2007.

著　作

中国现代国际关系研究所:《美国思想库及其对华倾向》,时事出版社2003年版。

于歌:《美国的本质:基督新教支配的国家和外交》,当代中国出版社2006年版。

林宏宇:《白宫的诱惑:美国总统选举政治研究(1952—2004)》,天津人民出版社2006年版。

宋鸿兵:《货币战争》,中信出版社2007年版。

龚小夏:《驴象庄园:美国总统是如何产生的》,法律出版社2008年版。

周光凡:《奥巴马:我的梦》,江苏文艺出版社2008年版。

[法]托克维尔:《论美国的民主》,商务印书馆1988年版。

[美]福山:《大分裂:人类本性与社会秩序的重建》,中国社会科学出版社2002年版。

[美]塞缪尔·亨廷顿:《文明的冲突与世界秩序的重建》,新华出版社2002年版。

[美]福山:《历史的终结及最后之人》,中国社会科学出版社2003年版。

[美]詹姆斯·摩尔、韦内·斯拉特:《谁让布什像个总统》,上海人民出版社版2004年版。

[美]塞缪尔·亨廷顿：《我们是谁：美国国家特性面临的挑战》，新华出版社2005年版。

[美]约瑟夫·奈：《硬权力与软权力》，北京大学出版社2005年版。

[美]罗宾斯：《坟墓的秘密：一个美国历史上最有权势的精英社团》，中信出版社2005年版。

[美]布热津斯基：《大抉择——美国站在十字路口》，新华出版社2005年版。

[美]福山：《国家构建：21世纪的国家治理与世界秩序》，中国社会科学出版社2007年版。

[美]布热津斯基：《大棋局：美国的首要地位及其地缘战略》，上海人民出版社2007年版。

[美]吉米·卡特：《我们濒危的价值观：美国道德危机》，西北大学出版社2007年版。

[美]特里·克拉克：《说出真相——沟通：终结公共危机裂变的有效手段》，东方出版社2008年版。

[美]塔伯特：《奥巴马经济学——公平的经济前景如何改变贫富差异》，中国轻工业出版社2008年版。

[美]约翰·珀金斯：《一个经济杀手的自白》，广东经济出版社2008年版。

[德]威廉·恩道尔：《石油战争：石油政治决定世界新秩序》，知识产权出版社2008年版。

[德]威廉·恩道尔：《粮食危机》，知识产权出版社2008年版。

[美]赫德森：《金融帝国：美国金融霸权的来源和基础》，中央编译出版社2008年版。

[美]彼得·希夫：《美元大崩溃》，中信出版社2008年版。

[美]巴拉克·奥巴马：《无畏的希望》，罗选民等译，法律出版社2008年版。

[美]斯蒂芬·李柏、格伦·斯特拉斯：《即将来临的经济崩溃》，东方出版社2008年版。

Lynn N. Austin: *Faith of My Fathers*, Baker Pub. Group, 1999.

Barbara Silberdick Feinberg: *John McCain: Serving his country*, the Millbrook Press, 2000.

Barak Obama: *Dreams from My Father: A Story of Race and Inheritance*, New York: Three Rivers Press, 2004.

Barak Obama: *The Audacity of Hope: Thoughts on Reclaiming the American Dream*, Crown, 2006.

Marlene Targ Brill: *Barak Obama: Working to make a Difference*, Minneapolis: Millbrook Press, 2006.

David Mendell: *From Promise to Power*, Amistad, 2007.

Paul Alexander: *Man of the People: The Maverick Life and Career of John McCain*, John Wiley&Sons, Inc. 2008.

Paul Alexander: *Man of the People: The Life of John McCain*, Hoboken, New Jersey: Wiley & Sons, Inc. 2008.

John McCain、Mark Salter: *Why courage matters: the way to be a brave life*, Random House, 2008.

网 页

http://logobama.com/

http://www.senate.gov/

http://www.youtube.com

http://www.pollster.com/

gongxiaoxia.blog.tianya.cn

http://www.stnn.cc/america/

http://www.barackobama.com/

http://www.drudgereport.com/

http://www.techpresident.com/

http://www.realclearpolitics.com

http://www.douban.com/group/Obama/

http://blog.sina.com.cn/hanmanchun

http://edition.cnn.com/ELECTION/2008

http://edition.cnn.com/ELECTION/2008

http://blog.sina.com.cn/dddNibelungen

http://edition.cnn.com/ELECTION/2008/

http://www.linkedin.com/in/barackobama

http://www.linkedin.com/in/barackobama

http://barackobamaisyournewbicycle.com/

http://www.eeo.com.cn/zt/mgdx/index.html

http://www.yeeyan.com/articles/view/2091/865

http://www.randomhouse.com/crown/barackobama/

http://www.nytimes.com/pages/politics/index.html

http://blog.sina.com.cn/s/blog_4a9c4a4f01008pff.html

http://blog.sina.com.cn/s/blog_4a0c59c301008a9p.html

http://blog.sina.com.cn/s/blog_4cadd3bb010009ma.html

http://blog.sina.com.cn/s/blog_4bb3b6d001008lw9.html

http://www.chinaelections.org/PrintNews.asp?NewsID=135290

http://www.moneymorning.com/2008/09/18/credit−default−swaps/

http://www.moneymorning.com/2008/09/18/credit−default−swaps/

http://www.amcham−china.org.cn/amcham/show/whatisnew.php?Id=91

http://election.cbsnews.com/campaign2008/d_delegateScorecard.shtml

http://cache.tianya.cn/publicforum/content/worldlook/1/176933.shtml

http://blogs.abcnews.com/politicalradar/2008/10/mccain−and−pali.html

http://www.nytimes.com/2008/09/28/opinion/28friedman.html?_r=1&oref=slogin

http://video.google.com/videoplay?docid =−6231308980849895261&q =

warren+buffet

    http://www.amcham-china.org.cn/amcham/show/news.php?Id=693&menuid=04&submid=01

    http://www.time.com/time/magazine/article/0,9171,1848755,00.html?xid=site-cnn-partner

    http://politics.nytimes.com/election-guide/2008/primaries/democraticprimaries/index.html

    http://www.nytimes.com/2008/09/29/opinion/29krugman.html?_r=2&hp&oref=slogin&oref=slogin

    http://www.nytimes.com/2008/08/17/magazine/17pessimist -t.html?_r=1&ref=magazine&oref=slogin

图书在版编目(CIP)数据

奥巴马评传/周光凡著. —杭州：浙江大学出版社，
2008.11
ISBN 978-7-308-06345-6

Ⅰ.奥… Ⅱ.周… Ⅲ.奥巴马，B. –评传 Ⅳ.
K837.127=6

中国版本图书馆 CIP 数据核字(2008)第 165826 号

奥巴马评传

周光凡　著

责任编辑	王长刚
文字编辑	宋旭华
封面设计	刘依群
出版发行	浙江大学出版社
	(杭州天目山路148号　邮政编码 310028)
	(网址：http://www.zjupress.com)
	(E-mail：zupress@mail.hz.zj.cn)
经　销	浙江省新华书店
印　刷	浙江良渚印刷厂
开　本	787×1092　1/16
印　张	15　彩页 8
字　数	222 千
版印次	2008 年 11 月第 1 版　2008 年 11 月第 1 次印刷
书　号	ISBN 978-7-308-06345-6
定　价	28.00 元